공놀이 하듯이

공놀이 하듯이
최이안 에세이

초판 인쇄 | 2009년 8월 30일
초판 발행 | 2009년 9월 05일

지은이 | 최이안
펴낸이 | 신현운
펴는곳 | 연인M&B
디자인 | 이희정
기 획 | 여인화
등 록 | 2000년 3월 7일 제2-3037호
주 소 | 143-874 서울특별시 광진구 자양동 680-25호(2층)
전 화 | (02)455-3987 팩스 | (02)3437-5975
홈주소 | www.yeoninmb.co.kr
이메일 | yeonin7@hanmail.net

값 10,000원

ISBN 978-89-6253-031-5 03810

최이안 에세이

공놀이 하듯이

삶은 둥근 것이라고,
안에 허공을 담고 있는 것이라고,
그래도 굴리는 것이라고,
돌고 도는 것이라고,
던지고 받는 것이라고,
튕기고 튀어 오르는 것이라고,
품고 뒹구는 것이라고.
삶은 공놀이라고.

| 3집을 내며 |

1집에서 2집까지 5년, 2집에서 3집까지 5년이 걸렸다.
미리 계획한 것은 아닌데, 하다 보니 그렇게 되었다.
작가로서 참 게으른 작업이다.
그게 내 열정의 범위고, 호흡의 리듬인가 보다.

장마가 오랫동안 계속되고 있다.
중간에 몇 번 폭우도 퍼부었고, 며칠에 한 번씩 들렀다 간다.
적절한 곳에 적당한 양을 뿌려주면 좋겠지만, 비는 제멋대로다.

내 글도 그럴 게다.
독자와 상관없이 내 기분대로 쏟아낸 넋두리들.

어느 곳에 닿을지 모르는 소리들.

비는 오래 안 오면 기다리는 이라도 있는데.

오늘도 비가 오려나.

구름이 엎드려 있다.

2009년 한여름에

최 이 안

| 차례 |

제4장

제5장

| 해설 |

제1장

삶은 둥근 것이라고. 안에 허공을 담고 있는 것이라고.
그래도 굴리는 것이라고. 돌고 도는 것이라고. 던지고 받는 것이라고.
튕기고 튀어 오르는 것이라고. 품고 뒹구는 것이라고.
삶은 공놀이라고.

크소코노쉬틀레틀의 공놀이

북미 원주민은 마음껏 구부리다 둥글게 붙이고 향할 곳 없는 지팡이도 되어 보며 엉거주춤하다가 비밀스러운 곡선 속에 달아날 의문도 품으면서 풍선과 함께 알을 품듯 공놀이한다.

새콤하면서도 불타는 듯한 무화과를 먹고, 깊이 뿌리를 내려 양분을 섭취하는 크소코노쉬틀레틀은 말한다.

거북이 등에 아메리고가 올라와 미쉐 마키나콩을 밟은 뒤, 이자킬란이 더러워졌다고. 눈부신 것과 짐 놓을 곳에 눈독 들인 자들이 갈망을 심고, 혼란을 낳고, 무지를 감추고, 약탈을 부리고, 살인을 행하고, 파괴를 일삼아 달의 냉담과 음영을 이루었다고.

아파치, 아즈텍, 마야는 항해자들을 비웃었다고. 포포카테페틀과 이츠타크지우아틀의 약속은 R & J보다도 순결했다고. 용기와 정의로 뭉친 용사—침략자이자 보호자, 떠난 자이자 떠날 자, 애인이자 살인자, 승리자이자 패배자는 며칠 늦은 귀환으로 잠자는 화산을 지켜야 했다고. 지금도 그녀가 깨어나길 기다리며 눈을 뜨고 있다고. 오랜 휴식과 고된 근무를 마친 뒤에 그들은 풀리지 않는 악수를 할 수 있다고.

나후아틀에서는 미키스틀리가 눈물의 시간이 아닌 축제의 시작을 알리는 편안한 휴식이라고. 11 : 1. 홀로와 홀로가 함께 있다 홀로 된 날, 음식과 꽃과 가면과 촛불과 향불이 3일 간 선물로 쌓이고, 신성한 그 다음날, 분배의 기쁨 속에 먹고, 노래하고, 춤추며, 욕망을 고백한다고. 쉬던 자는 일어나 함께 어울리고, 고개를 끄덕이며, 포옹해 준다고.

네후안 니 테후안, 테후안 니 네후안! 네후안 니 테후안, 테후안 니 네후안! 나는 너, 너는 나! 나는 너, 너는 나! '너' 와 '나' 가 '니' 라는 공통인수를 얻어 왼쪽 오른쪽으로 가지를 뻗어 조금 달라졌을 뿐이라고. 니는 너, 니는 나. 너와 나는 니의 변신일 뿐이라고.

우리는 길가에 한들거리는 가을꽃이라고, 작은 가을꽃이라고. 천 개의 수용체를 넘어 확인하고, 2만 개의 융조각을 거쳐 속삭임을 듣고, 5억 개의 거품이 부글대는 함정 속으로 마시고, 백억 개의 그물망이 뜻을 만들고, 일 년 동안 3천만 번의 박수를 치고, 8만 킬로미터의 순항 후에 외출하고, 3백 개의 응축의 힘으로 니에게 갈 수 있다고. 끝에 가면 눈부신 씨앗이 있다고.

삶은 둥근 것이라고, 안에 허공을 담고 있는 것이라고, 그래도 굴리는 것이라고, 돌고 도는 것이라고, 던지고 받는 것이라고, 튕기고 튀어 오르는 것이라고, 품고 뒹구는 것이라고.

삶은 공놀이라고.

빗줄기

트르륵 특특….

슥삭 슥삭….

부우웅 부우웅….

깜박 깜박….

치르륵 치르륵….

촤악 촤악….

비와 자동차가 합동으로 교향악을 연주한다.

빗방울 크기와 속도의 변화는 그 순간만의 고유한 곡을 만든다.

적당히 센 빗줄기에 폭우가 간간이 섞이면 가장 멋진 곡을 들을 수 있다.

리듬에 맞춰 빗물은 꿈틀대며 땅과 바다, 동식물과 인간 속으로 흘러 들어간다.

물도 듣고 느끼며 안다.

사람의 감정과 생각을 알아채고 아름답거나 일그러진 결정체를 빚는다.

기도가 담긴 정화수의 치유 능력도, 물가에 있으면 안정되는 것도 이유가 있다.

물은 말을 다 받아준다.

그걸 왜 몰랐을까.

몸속의 피처럼, 몸 밖의 물도 마음에 상응하는 것을 생각했어야 했다.

창에 맺혀 있는 저 물방울의 결정은 어떤 모습일까.

몸의 구석구석을 도는 핏방울도 비슷한 모습일까.

사람의 배에 귀를 대면 시냇물 흐르는 소리가 난다.

물소리는 자연의 소리이며, 인간의 소리다.

물은 모양을 바꿀 뿐 사라지지 않는다.

하늘에서 내려와 온갖 경험을 거친 후 다시 올라간다.

저 빗방울도 언제 나의 일부가 될지 모른다.

몸의 70%를 차지하는 물.

인간은 물속에서 만들어져 물을 품고 살다 마지막에 물을 돌려준다.

지구의 70%를 차지하는 바다.

지구도 물을 간직한 하나의 생명체인 것일까.

빗줄기가 거침없이 쏟아진다.

빗소리를 들으면 마음껏 울 때의 후련함이 느껴진다.

눈물 흘릴 여유도 없는 세상에서 여자들은 가끔 비를 기다린다.

억눌렀던 눈물이 터지기를 바란다.

여자의 몸은 물을 더 많이 필요로 한다.

매달 생리를 하고, 아기에게 양수를 제공하며, 출산하면 젖을 생산한다.

여자의 몸은 물을 가두었다 방출하는 댐이다.

양수와 젖은 엄마의 느낌과 생각을 그대로 전한다.

스쳐 온 기억을 간직한 물에게서 아기는 옛이야기를 듣는다.

여자는 피의 원천이다.

피는 비가 필요하다.

피(blood)와 비(flood).

빗줄기는 생명수의 세례다.
오래도록 비가 안 오면 여자는 불안해진다.
울적해하며 창밖을 바라본다.
드디어 비가 내리면 긴장을 푼다.
경직되고 메마른 심신이 풀어지고 적셔지기를 바란다.

가슴은 드럼이 된다.
혈류가 곡조를 타고 출렁인다.
피와 비가 안팎에서 공명한다.
몸이 어느덧 둥둥 뜨는 것 같다.
모든 생명의 흐름이 합쳐진 것일까.
다 함께 어디론가 흘러 흘러간다.

지평선 너머, 수평선 너머

앞에 나타난 언덕길이 하늘과 맞닿아 있다. 자주 걷는 길이고 익숙한 언덕이지만, 그곳을 쳐다볼 때마다 잠시 멈춰 서곤 한다. 저 너머 어떤 길이 나올지, 무엇이 있는지 아는 것도 소용이 없다. 저 언덕으로 올라가면 곧장 하늘로 통할 것 같기만 하다.

어느 때는 아래서 바라보면 저편에서 걸어 올라온 사람이 정상에 있는 것이 보인다. 하늘을 배경으로 언덕을 딛고 선 사람을 올려다보면 경외심마저 일어난다. 그래서 옛날 사람들은 높은 곳에서 신께 제사를 드렸던 것일까.

프랑스 농촌에서 본 지평선이 생각난다. 느릿한 곡선으로 이어지는 구릉 위에 드문드문 균형 잡힌 나무들이 서 있는 뒤쪽으로 펼쳐진 하늘은 부드러웠다. 풀밭에 누워 하루 종일 지평선을 보고 있으라고 해도 좋을 것 같았다. 마음이 누그러져 어떤 미움도 풀어버릴 수 있는 분위기였다.

멕시코 사막지대는 전봇대 모양의 선인장들이 병정처럼 사막을 지키고 있어서 전쟁터에 와 있는 느낌이다. 그곳의 지평선에는 전선처럼 긴장감이 흐른다. 어디선가 총성이 들리고, 누군가 쫓아올 것만 같았다. 가시가 연상시키는 섬찍한 통증으로 인해 미간이 움츠러들었다.

언젠가는 모래로만 이루어진 사막의 지평선을 보고 싶다. 바람 부는 대로 모래가 휘익 날아 다른 선을 이루는 곳, 자유자재의 선이 단순한 아름다움을 선사하는 광경 앞에 서고 싶다. 모래 알갱이들은 몸을 뒤척이며 꿈틀거리는 선을 만들 것이다.

어린 시절, 수평선을 보고 자랐다.

저 멀리서 끊임없는 반짝임과 출렁임으로 다가오는 물결은 하늘에서부터 흘러나오는 것 같았다. 수평선은 웅장하고 광활하게 숨 쉬는 선이었다. 눈 감고 그 소리와 동작에 몸을 맡기면 파도는 나를 탄생 이전으로, 더 멀리 그 전의 세계로 이끌고 간다. 너무 먼 곳까지 간 것 같아 이러다 나를 잃어버릴 것 같은 두려움에 간간이 눈을 뜨기도 했다.

수평선 속에 몸을 담그고 선을 흐트러뜨려도 바다는 차분히 다시 자신의 선을 만들어 낸다. 하나하나 다가오는 선들을 맞아 장난치다 보면 해질녘이 된다. 푸른 기운이 사그라져 바다가 피곤한 듯 충혈된 모습을 보이는 만큼 나도 지쳐 있기 마련이었다.

내일을 약속하고 뒤돌아보며 안녕을 고할 때, 파도도 손을 흔들며 뒷걸음질 쳤다. 낮과는 반대 방향으로 사라져가는 선들이 어디로 가는지는 알 수 없었다. 다시 하늘 속으로 돌아간 것일까.

여름을 제외한 다른 계절은 바다와 놀 수 없어서 상실감에 시달려야만 했다. 냉정해진 바다는 다가가도 모르는 체했지만, 여름이 오면 바다는 따뜻해진 가슴으로 두 팔을 벌리고 나를 환영했다. 한여름의 수평선은 그렇게 반가운 선이었다.

지평선과 수평선이 나를 사로잡는 이유는 무엇일까. 그 선들이 시선의 끝, 길의 끝, 현상의 끝에 있기 때문일까. 아니면 하늘과 연결된 신성함 때문일까.

저 선 너머 무엇이 있다는 신비로움은 꿈과 믿음에 섞여 나를 항상 아득하게 한다.

지평선과 수평선은 상상 속 영원으로 넘어가는 경계선이다.

나무를 낳는 왕

ተ 무슨 희생을 했든

ቱ 너의 잎이 몇 개든

ቲ 뿌리가 어디로 뻗든

ታ 어디에서 올라왔든

ቴ 무엇을 품었든

ት 무엇을 의심하든

ቶ 무엇을 고민하든

ቷ 크게 버티고 서서

ቸ 굳건한 방패처럼

ቺ 왕이 되어라.

'나무'가 나무를 만드나. 나무가 '나무'를 만드나. '나무'와 나무는 동시에 생겼나. '나무' 없으면 나무는 아무것도 아닌가. 나무의 주인은 누구인가. '나무'의 소유자는 누구인가.

상상으로 나무와 '나무'를 만들 수 있는 자가 있어도 '나무' 밖에 만들지 못하는 자는 모른다. '나무'가 나무를 낳는 것을.

나무가 몸서리를 친다. 시간들이 뚝뚝 떨어진다.

호기심 많던 기회의 시간, 마음껏 누리던 발산의 시간, 변화를 자랑하던 축제의 시간, 욕심을 놓아주는 이별의 시간. 이 모든 과정을 떨쳐야 한다. 시간이 머문 공간의 토막들이 흩어져야 한다. 모든 비자연적인 것을 막는 방패로, 깊숙이 속한 땅의 일부로, 공들인 물건의 소재로 삼위일체를 이룰 수 있도록. 다시 나무를 낳는 왕이 될 수 있도록.

사드라는 사람

도나시엥 알퐁스 프랑수아 드 사드[1].

1740년, 프랑스 프로방스 지방의 오래된 귀족 가문[2]에서 태어났던,

공작 부인을 유혹하기 위해 그녀의 시녀와 결혼했고, 여러 여자와 내연의 관계를 맺었던 아버지[3]를 둔,

1) 그의 이름은 결혼 계약 이후, 루이 알동스 도나시엥 드 사드로 바뀐다. 사드는 가학적 변태성욕을 뜻하는 사디즘이라는 단어에 자신의 성을 제공했다. 그러나 사드는 성에 있어서 가학성만 추구하지는 않았다.

2) 특권 계층으로 태어난 그는 다른 사람을 마음대로 부릴 권한을 갖고 있다는 교만과 이기심으로 가득 차 있었다. 그는 주로 하층 여인들에게 잔혹한 행위를 했고, 여자를 자신의 쾌락을 위한 도구로 여겼다.

3) 사드의 아버지인 장 바티스트는 파리로 올라와 사교계에서 활약하여 대사를 지내기도 했다. 아버지로 인해 사드의 태생은 애초부터 불순하게 시작되었다. 장 바티스트는 말년에는 종교에 귀의하여 글쓰기로 소일했다. 그는 편지에서 아들에 대해 '나는 이처럼 못되게 태어난 사람을 알지 못한다' 라고 쓴 적이 있다. 그는 이런 아들에 대해 자신이 어떤 역할을 했는지 알고 있었을까.

한 집에서 벌어지는 남편과 공작 부인의 불륜을 못 본 척해야 했고, 수도원에서 여생을 보냈던 어머니[4]를 둔,

자신의 성에 한 쌍의 매춘부를 두고 지냈으며, 고급 사창가에서 방탕죄 현행범으로 체포되기도 했던 사제가 삼촌[5]이었던,

한 집에서 자랐던 공작[6]을 때려, 4세 때 어머니를 떠나 삼촌의 성으로 보내졌던,

10세에 입학한 파리의 중학교에서 문학과 연극[7]에 대해 배웠고, 사제들에 의한 남색을 알게 되었던,

---

4) 그녀의 가문은 왕가와 닿아 있을 정도로 훌륭했지만, 결혼 당시 지참금이 없을 정도로 가난했다. 남편에게 실망한 사드의 어머니는 아들의 성장과정을 특별히 돌본 것 같지 않다. 그녀는 자신의 슬픔만 감당하기도 버거웠는지 모른다. 부모의 관심 영역 밖에 있었던 사드의 고독과 애정 결핍은 조화로운 성격 형성에 영향을 끼쳤을 것이다.

5) 아베 드 사드는 호색적 본능과 문학에 대한 취미를 지녔다. 사제였던 삼촌의 애정행각을 지켜보면서 사드가 느꼈을 종교에 대한 실망은 그를 일생 동안 지배했을 것이다.

6) 루이 조셉 드 부르봉과 사드는 어린 시절 잦은 다툼을 벌였다.

7) 문학과 연극은 사드가 평생 관심을 갖고 활동한 분야다. 사드가 접했던 예술은 당시의 시대사조로부터 자유롭지 않았다. 18세기 계몽주의의 흐름은 사드의 정신세계에 흘러들어갔다. 당시에는 왕정과 기독교로 대표되는 모든 권위와 믿음에 대한 비판적이고 파괴적인 반항 정신이 사회 각계에서 분출했다. 1713년 태어난 계몽주의자인 디드로는 신을 의심하는데서 나아가 자연에는 끊임없이 변화하는 물질의 무한히 다양하고 일시적인 결합만이 존재한다는 유물론적 무신론을 드러내기에 이른다. 또한 인간의 행복을 중요시하는 그는 "단 하나의 의무가 있으니, 그것은 행복해지는 것이다. 자연스럽고, 억제할 수 없으며, 양도 불가능한 나의 경향은 행복해지는 것이기 때문에, 그것은 나의 진정한 의무들의 원천, 유일한 원천이고, 일체의 훌륭한 법제의 유일한 기초다"라고 말했다. 디드로는 인습적 윤리에 해당하는 성실과 절제, 정숙을 어리석은 것이라고 비판하며 성 해방과 쾌락 추구를 주장했다. 개인적 환경 외에 이러한 사회적 환경은 사드라는 인물이 형성되는데 많은 영향을 끼쳤다. 사드가 신성모독적인 행위를 창녀에게 따라하라고 시킨 것이나, 귀족임에도 불구하고 왕정 반대주의자가 된 것을 보아도 그가 시대적 영향을 받았음을 알 수 있다.

왕[8]이 서명한 결혼 증명서를 받는 날, 매독에 걸린 상태에서 다른 여자를 마음에 둬 베르사유 궁에 오지 않았던,

임신 중인 창녀를 별장으로 불러 가혹행위[9]와 신성 모독 행위를 시켜 투옥되었던,

요새에 감금되자 어머니의 탄원과 처가 식구들[10]의 도움으로 사면되었던,

프로방스 영지에서 극단[11]을 만들어 연출과 연기를 도맡았던,

창녀들에게 최음 캔디를 먹여 쫓기게 되자 처제[12]를 유혹해 같이 도망했던,

자신의 허수아비 화형식[13]이 거행되는 동안 이탈리아로 도주했던,

38세에서 50세까지의 수감생활[14] 후 아내로부터 별거를 요구받자 얼마 뒤에 유부녀인 케네 부인과 살림을 차렸던,

돈벌이로 외설문학[15]을 썼으나 그것을 끝까지 숨겼던,

---

8) 루이 15세는 사드와 여재판장의 딸인 르네-펠라지와의 결혼을 승인했다. 왕은 몰래 매음굴을 만들어 놓고 이용했으며, 창녀 출신의 정부를 두기도 했다. 왕과 귀족, 성직자와 아버지에게서 본 모든 타락상을 사드는 모방하고 싶었을 것이다.

9) 당시 사창가에서는 쾌락을 위한 도구로 채찍이 많이 사용되었고, 사드는 창녀가 반항하자 칼과 총으로 위협했다.

10) 수완이 좋았던 사드의 장모는 사드를 위해 많은 도움을 주었다.

11) 사드는 부인과 처제까지 연극에 출연시켰다.

12) 사드는 처제와 근친상간을 저질렀고, 이로 인해 장모는 사위에게 등을 돌린다.

13) 사드의 남자 하인인 라투르의 화형식도 같이 거행되었는데 둘은 동성애를 나누기도 했다.

풍기문란 죄로 투옥된 정신병원[16]에서 옆방에 데려다 놓은 케네부인에게 딸로 행세하게 했던,

병원 안에서 연극 공연[17]을 총지휘하고, 외부 사교계사람들을 초청하여 만찬과 무도회를 벌였던,

병원 간호사 딸인 18세 소녀 마들렌[18]과 74세에 정신병원에서 죽기까지 사랑을 나누었던,

자유를 찾으면 케네 부인과 마들렌을 함께 데리고 살 계획[19]을 가졌던,

죽은 뒤, 골상학 연구를 위해 두개골[20]이 파헤쳐졌던 사람, 사드.

---

14) 생애의 1/3 이상을 감금상태에서 지냈던 사드는 감옥에서 희극과 비극, 이탈리아 여행기와 소설을 썼다.

15) '쥐스틴', '신 쥐스틴', '쥘리에트' 같은 작품이 있다.

16) 샤랑통 정신병원에서 사드는 원장의 허락으로 호화로운 독방에서 지냈다.

17) 사드는 정신치료용으로 병원 환자들을 연극에 출연시켰다.

18) 세탁부였던 마들렌은 글을 배운다는 명목으로 사드의 방을 정기적으로 방문했다.

19) 사드는 일부다처제를 실행하려고 했던 것 같다. 20세기에 들어 초현실주의자들과 실존주의자들은 사드를 재평가해야 한다고 주장했다. 아폴리네르는 사드를 "이전에 존재했던 가장 자유로운 정신" 이라고 추켜세우기도 했다.

20) 사드는 수풀 속 아무 곳에나 이름 없이 자신을 묻어 달라며 사람들 기억 속에서 깨끗이 잊히기를 원했다. 그러나 사람들은 그의 무덤을 가만두지 않았다. 안에 담긴 생각이 중요하지 두개골의 생김새가 무슨 상관이 있을까 싶지만, 사람들은 사드의 뇌구조가 궁금했나 보다. 조사된 그의 두개골은 성직자의 것에 가까웠다고 한다. 대주교를 몇 명씩이나 배출한 집안이니 그럴 법도 하다. 성적 일탈을 통해 사드는 무엇을 얻으려 했을까. 단순한 쾌락일까 아니면 관습에 대한 저항일까. 남을 지배하려는 욕심일까 아니면 자신을 파괴하려는 욕망일까. 아마 그는 性을 통해 聖을 부정하고 싶었는지도 모른다.

착각의 성

웅장한 위용과 휘황한 조명을 갖춘 성이 서 있다.
안으로 들어서자 성주가 된다.
"어서 오십시오. 즐거운 시간 되십시오."
외출에서 돌아온 주인을 맞는 인사가 들린다.
"특별히 찾으시는 물건이 있나요?"
액세서리 코너 종업원이 심기를 살핀다.
이것저것 뒤적이다 그냥 돌아선다.
그녀의 표정은 전혀 변하지 않는다.
화장품 가게 앞에서 시험용 향수를 뿌려준다.
신선한 꽃 냄새가 나른함을 선사한다.

"남자들이 가장 좋아하는 향수예요."

남자의 마음을 사로잡는 법을 알았다.

진열된 립스틱들 색상이 모두 바뀌었다.

"자주색이 어울릴 것 같아요."

짙은 색을 바르니 얼굴색이 밝아진다.

"계산은 일시불로 할까요?"

그 정도 금액은 일시불로 해야 성주의 품위에 걸맞다.

옷 매장에는 30% 세일이라고 쓰여 있다.

돈을 쓰러 온 것이 아니라 30%만큼 벌려고 왔다.

"요즘 이런 디자인이 대유행이에요."

유행의 흐름에서 도태될 수는 없다.

"이 사이즈는 한 벌밖에 안 남았어요."

사지 않고 돌아서면 후회할 것이다.

"3개월 할부로 할까요?"

할부로 하면 반찬값에서 조금만 아끼면 된다.

"15만 원 이상 사시면 만 원짜리 상품권을 드려요."

2만 원 어치만 더 사면 만 원 어치는 공짜다.

스카프들이 2만 원 균일가에 쌓여 있다.

스카프는 색깔별로 많을수록 좋다.

15만 원을 채운 영수증들을 상품권 증정소에 내밀었다.

만 원짜리 상품권을 받으니 보너스를 탄 기분이다.

주차장 출구에서 검문하듯 영수증을 검사한다.

성주의 신분에서 벗어나야 할 때다.

오늘, 착각의 값으로 15만원을 치렀다.

필요한 물건이 또 없나 궁리한다.

만 원 어치의 착각은 이미 확보해 놓았다.

사과 같은 남자

사과는 에틸렌을 내뿜는다.
그 호르몬은 싹을 돋게 하고,
잎을 떨어뜨린다.
사과는 권위적인 남자 같다.

사과는 냉장고 안에서 무법자가 된다.
다른 과일을 빨리 시들게 한다.
사과 같은 남자와 사는 여자는 고달프다.

사과의 찰떡궁합은 덜 익은 감이다.
둘이 함께 있으면 감은 달아진다.
사과와 살려면 땡감이어야 하나 보다.

제2장

브레이크 댄스는 깨뜨리는 춤이다.
편견과 억압, 오만과 한계를 깨뜨리는 춤이다.
춤을 깨뜨리는 춤이다.

깨뜨리는 춤

비보이가 춤을 춘다.

브레이크 댄스는 낮은 춤이다.

바닥에서 구르고, 돌리고, 문지른다. 낮게, 더 낮게—낮춤의 미학이 발휘되는 춤이다. 높이, 더 높이—높임의 예술을 추구하는 발레와는 반대다. 발레가 우아한 여성의 무용이라면, 브레이크 댄스는 거친 남성의 춤이다. 바닥에 닿는 몸의 면적을 최소화하려는 발레는 발가락 끝으로 선다. 바닥을 두려워하지 않는 브레이크 댄스는 땅을 껴안는다. 발레는 하늘로 날아갈 듯 하지만, 브레이크 댄스는 땅으로 파고들 듯하다. 밑바닥에서 몸부림치며 존재를 토해내는 몸짓이다. 비보이의 손바닥과 얼굴, 셔츠는 시커멓고, 땀범벅이 된다. 그러나 그들은 개의치 않는다. 더러움은 성실한 동작과 위험한 도전, 겸손한 몰두의 흔적이다. 먼지와 흙, 땀으로 얼룩진 그들의 옷과 몸은 혐오스러운 악취가 아닌 싱그러운 체취를 발산한다. 낮은 곳에서 더러움을 감수하며 그들의 열정과 순수는 빛난다.

브레이크 댄스는 고된 춤이다.

브레이크 댄스의 기술은 여러 가지다. 머리를 땅에 대고 회전시키는 헤드스핀, 풍차처럼 몸을 돌리는 윈드밀, 온몸이 파도치듯 하는 웨이브, 갑자기 동작을 멈추는 프리즈 같은 제각각 다른 난이도의 동작이 있다. 하늘 향해 다리를 벌리고 한 손으로 몸을 받치며 돌리는 동작을 하는 비보이의 얼굴은 힘들어 보이지만 집중하는 엄숙함이 엿보인다. 규칙적인 연습과 몸을 아끼지 않는 헌신만이 어려운 동작을 소화할 수 있다. 얼마 전 서울에서 열린 세계 비보이 대회에 참가한 68세의 스웨덴 할머니는 인터뷰에서 헤드스핀도 한다고 자랑했다. 모니카 할머니는 유도를 15년 연마했으며, 1998년부터 브레이크 댄스를 추기 시작해 매일 한 시간 이상 연습한다고 한다. 할머니는 정원사라서 땅과 친하기 때문에 브레이크 댄스에 대한 거부감이 없었나 보다. 브레이크 댄스는 운동과 노동으로 다져진 몸이 아니면 감당하기 힘들다.

브레이크 댄스는 반항적인 춤이다.

브레이크 댄스는 1970년대 초반 뉴욕의 흑인들에 의해 유래되었다. 브레이크 댄스는 몸을 거꾸로 하는 동작이 많다. 당연히 비보이는 세상을 뒤집어 보게 된다. 똑바로 보았을 때는 억울하고 서러운 세상이지만, 반대로 쳐다보면서 비웃고 초연할 수 있다. 높은 곳에 오를 수 없다면 낮은 곳에서나마 최고가 되고 싶은 심리가 숨겨져 있는지도 모른다. 한국의 젊은이들이 단기간에 브레이크 댄스 분야에서 최고 수준에 오를 수 있었던 이유는 청소년의 스트레스 강도가 높기 때문인 것 같다. 학업에 대한 중압감과 부모의 기대수치가 유별나게 높은 것에 반해 청춘의 열기와 고민을 건전하게 발산하는 문화는 정착되어 있지 않다. 그러한 억압된 심리가 브레이크 댄스를 통해 폭발적으로 표출된 것이 아닐까.

브레이크 댄스는 자유로운 춤이다.

브레이크 댄스는 특별한 외모나 의상을 갖추지 않아도 되며, 남녀 누구나 같은 동작을 할 수 있고, 무대도 제약을 받지 않고, 관객이 없어도 상관없다. 다른 춤들은 제약이 많다. 그 춤을 추기 위해 어울리는 얼굴과 몸매를 따지기도 하고, 역할에 어울리는 의상을 갖춰야 하고, 성별로 구별된 춤을 추어야 하며, 특수한 무대장치가 없으면 어울리지 않는 춤이 대부분이다. 브레이크 댄스는 이러한 것들로부터 자유롭다. 가식적인 표정을 꾸미지 않아도, 볼품없는 체격이어도, 집에서 입던 옷을 걸치고도, 길가 한 모퉁이에서도 출 수 있다. 원래 보여주기 위한 춤이 아니라 자신이 즐기기 위한 춤이므로 관객이 없어도 괜찮다. 비보이는 흥이 나면 혼자서도 춘다. 비보이의 얼굴에서는 뒷골목 청년의 장난기가 느껴진다. 자신의 춤에 대한 자부심과 스스로에 대한 만족감도 녹아 있다. 비보이는 자신 있는 동작을 펼쳐 보이면 그뿐이다.

브레이크 댄스는 깨뜨리는 춤이다.

편견과 억압, 오만과 한계를 깨뜨리는 춤이다.

춤을 깨뜨리는 춤이다.

누가 각트인가

알라존 : 누가 각트냐구? 당연히 나지. 다들 내 말에 동조하고 박수쳐 주는 걸. 각트는 가벼움의 결정체야. 가벼움이 각트를 지탱하고 이끌어가고 있어. 이 세상 살아가는 제일 덕목은 가벼움이라니까.

에이런 : 그럴까. 네가 과연 각트를 대표할 수 있는 걸까. 너는 내 존재를 자꾸 무시하려고 하는데 나도 엄연히 각트의 반쪽이라는 걸 알아야지. 넌 허풍선이야. 너무 자만하며 우둔해. 그러면서도 나서기는 왜 그렇게 나서니? 너의 호들갑스러운 말에 사람들이 약간 끄덕이기는 하지만 잠시 후엔 고개를 갸우뚱한다는 거 몰라? 네 주장

들은 말도 안 돼. 날씬한 것도 좋지만, 다이어트 노이로제 걸려서 즐거워야 할 식사시간이 공포의 순간이 되고 그러다 거식증 걸려 생명의 위협을 받기도 하잖아. 삐쩍 말라서 허깨비처럼 활기 없는 모습이 뭐가 좋다는 거야?

알라존 : 그럼 넌 뚱보가 되고 싶니? 비만은 더 많은 병의 원인이라는데. 세상에 널린 음식의 유혹을 물리치는 것만 해도 장한 일 아냐? 사람들은 내 의견에 찬성하는데 왜 너만 그래? 툭하면 말끝에 나타나서 그림자가 어쩌구 해서 사람을 불안하게 만들어 만들길. 넌 좀 입 다물고 계속 뒤에 숨어 있으면 안 되니?

에이런 : 나도 각트니까 그렇지. 너 같은 속물주의 근성을 가진 인물이 각트라고 사람들이 오해할까 봐 그렇지. 난 너처럼 용감하지 못하지만 나도 몇 마디쯤은 할 권리가 있어. 가벼운 성격이나 인간관계도 그래. 어떻게 사람이 즐겁게만 살 수 있니? 또 마음을 안 열면 진정한 우정이나 사랑은 어디 가서 구할 수 있냐구. 성적 타락은 자기 환멸로 이어지는 법인데 어떻게 뒷감당을 하려고 그래?

알라존 : 처음부터 모든 것을 너무 심각하게 시작하지 말자는 거지. 내 말은 가뜩이나 골치 아픈 세상에서 좀 쿨하게 살자는 이야기일 뿐이야. 공적인 인간관계에서 받는 스트레스 때문에 숨도 못 쉴 지경인데, 개인적 관계에서만이라도 숨통을 열어놔야 할 것 아냐. 정말이지 깊게 얽히고 싶지 않다구.

에이런 : 인간을 유전자를 운반하는 도구로만 보니까 그런 거 아냐? 그런 식으로 보면 자신은 물론이고 남도 별 가치 없는 허깨비에 불과한 존재로만 생각되겠지. 한 인간은 이 세상에서 유일무이한 소중한 존재라는 걸 인정해야 해. 그래야 서로에 대한 존중도 생기는 거고.

알라존 : 난 실상을 보자는 거지. 그런 헛된 허상에 사로잡혀 인간은 자신의 본질을 잊고 살아왔다니까. 잘난 척, 소중한 척하는 것이 인간이지만, 실상을 알고 나면 우린 좀 더 솔직해질 수 있을 거야.

에이런 : 네 주장이 실상이란 걸 어떻게 믿니? 난 네가 허상을 실상이라고 주장하는 것이 가소롭다. 제발 교묘한 이론으로 꼬드기지 말아. 죽음 문제도 그렇지, 그럼 영혼이 없다는 거야? 이 세상이 눈에 보이는 것만 존재하는 그

런 곳이냐구.

알라존 : 실증된 것만 인정하자는 거지. 영혼의 존재가 실증된 것은 아니잖아. 죽음 이후 어떻게 되는지는 죽으면 확실히 알 수 있겠지. 산 자는 죽음에 대해 심각하게 생각을 할 필요가 없다는 이야기야.

에이런 : 죽음의 의미에 대해 철저하게 생각해 보지 않은 사람이 어떻게 제대로 된 삶을 영위할 수 있겠어? 마치 자신은 죽지 않을 것처럼 여기거나, 죽으면 모든 것이 끝이라고 단정해버린 사람의 삶은 결국 허무로 치달을 수밖에 없지. 허무, 그래 공허와 통하는 가벼움의 본질 말이야.

알라존 : 죽음의 의미라니, 네가 죽었다 살아난 것도 아닌데 죽음에 대해 무얼 알 수 있다는 거야. 이 세상에 죽음 이후에 대해 완전하게 아는 사람은 아무도 없어. 삶과 죽음은 다른 세계야. 아니 죽음 이후의 세계란 없는 거나 마찬가지야. 있다 해도 삶과는 다른 차원일 테니 말이야. 왜 우리가 다른 차원의 문제까지 생각하며 살아야 돼? 우리는 지금, 여기의 삶에만 집중하면 된다구.

에이런 : 모른다고, 알 수 없다고 해서 의식하지 않을 수는 없는 거야. 죽음이 다른 차원의 일이라고 해도 그것을 생각해 봄으로써 현재의 삶에 대한 답을 얻을 수도 있기 때문이지. 세상의 모든 현인들을 봐. 죽음의 문제에 대해 고민하지 않았던 사람이 있냐구. 나도 죽음의 의미와 그 이후의 일에 대해 확고한 믿음을 갖고 싶어. 혹시 이러한 바람이 단지 삶의 허무를 극복하기 위한 방편이었다는 결론으로 끝난다고 할지라도 말이야.

알라존 : 글쎄, 우리가 이해할 수 없는 고차원에 대한 헛된 상상을 아무리 해 봐야 무슨 소용이 있겠어. 정말 어리석은 건 너라니까. 죽음 문제는 잊어버려. 넌 그냥 날 따라오기만 해. 내 말이 대세야. 시대의 대세, 알아? 나중에 허무나 공허가 몰려온다 해도 현재로서는 가벼움을 추구할 수밖에 없는 것이 세태거든. 혼자 심각해 하다 아무런 확신도 없이 비관에 빠지면 끝이 안 좋은 건 마찬가지잖아. 죽음은 삶의 끝, 그것만 알면 돼. 가볍게 살면 사는 동안에는 즐겁잖아. 네 말대로 하다간 평생 고민에 싸여 지낼 거야. 웃자구. 저런 네 이마에 주름살 좀 봐. 하하하. 그냥 웃으라니까.

에이런 : 넌 참 좋겠다. 그럴 수 있어서. 난 타고나길 너와 다르게 생겨서 그게 어려워. 너의 밝고 명랑한 성격이 부러울 때가 있긴 하지만 네가 아무리 잘난 체해도 넌 나의 가면일 뿐이야. 나의 통찰력에 비하면 넌 시야가 너무 좁고 단순해.

알라존 : 네가 얼마나 성숙하다고 그런 말을 하니? 나보다 아는 것도 특별히 없으면서. 내가 보기엔 겸손한 척하는 너야말로 우월감에 사로잡힌 못 말리는 존재야. 넌 뒤에 나타나서 내 체면을 구기는 재주밖에 없어. 찬 물을 끼얹고 분위기를 흐리는 솜씨 말이야. 너의 고리타분한 주장에 귀 기울일 사람 요샌 없거든. 시대가 변했다는 걸 알아야지. 이 늙은이야.

에이런 : 우리는 어린이와 노인의 결합체인 셈이군. 각트도 불쌍하지. 너와 나 사이에서 이러지도 저러지도 못하는 적이 많으니. 우리 이제 헐뜯는 것을 멈추자구. 서로 싸워 봤자 누워서 침 뱉기잖아. 조금씩 양보해서 타협점을 찾자구.

알라존 : 중용의 도를 찾기가 쉬운 일인 줄 알아? 각트는 어디로 가야 하는 걸까? 에이, 모르겠다. 그냥 놔두지 뭐.

어차피 왔다리 갔다리 갈피를 못 잡고 헤매는 것이 각트의 운명이잖아. 억울하면 아리스토텔레스를 원망하라지.

에이런 : 안 되면 조상 탓이라더니, 쯧쯧.

외롭지 않은 과정

첫 임신은 여자에게 충격이다. 그 충격에는 복합적인 느낌이 담겨 있다. 육체적 여성성에 대한 확실한 자각과 한 존재의 엄마가 된다는 신기함, 출산에 대한 막연한 공포와 육아에 대한 걱정이 뒤섞여 감정의 기복을 겪게 된다.

주위 사람들은 축하의 인사를 건네며 기쁨에 사로잡힌 산모의 모습을 기대한다. 임산부의 마음속 혼란은 무시하고 사회 전체는 배를 어루만지며 행복한 미소를 짓는 모습만을 기대한다. 여러 번 출산한 경험이 있는 주변의 여자들도 자신이 겪었던 내밀한 심적 경험을 전해주지는 않는다. 임신한 여자에게 요구되는 것은 모성애일 뿐, 한 인간으로서의 다른 감정들을 드러내는 일은 터부시되어져 왔다. 어두운 감정은 모두 숨기고 밝은 감정만을 보여야 하는 상황은 산모에게 또 하나의 부담이 되기도 한다.

때때로 우울할지라도 뱃속의 아기에게 최상의 상태를 만들어 주고 싶은 마음은 본능적이다. 남들 하는 대로 결혼을 하고 임신을 했지만 태교에 대해 아는 것은 거의 없다. 그제야 책을 뒤적여 보고 관심을 갖지만 태교가 그리 간단하지만은 않다는 것을 알게 된다.

우선, 약 3억 6천만 개의 정자 중 하나가 난자를 뚫고 들어가 수정란이 된다는 것을 알게 되면 그런 경쟁을 통과한 인연의 소중함에 놀라게 된다. 그러고 보면 모든 아기, 모든 인간은 소중하기 그지없다. 힘들게 생기고 태어나는 사람들인 것이다. 배 안에 이렇게 고귀한 생명을 품고 있다는 것을 절감하면 태교는 더욱 중요하게 된다.

수태시의 정자상태와 아버지의 마음가짐도 중요하다는 것을 알게 되면 자신의 노력으로 어찌할 수 없는 부분에 대해 맥 빠지기도 한다. 그러나 한 아기의 생성에 영향을 끼치는 요소들은 훨씬 많다. 양쪽 집안 조상들의 기가 응축되어 후손에게 나타나는 것이라는 이야기나 수태되는 순간의 천체 운행상태도 영향을 준다는 대목에 이르면 한 생명체를 이루는 광범위한 요소들에 대해 신비를 느끼게 된다.

부른 배를 대하는 사람들의 태도도 태교에 영향을 미친다. 배가 불러갈수록 아기의 움직임이 활발해져 교감하는 즐거움은 커지지만, 육체적 변화와 불편으로 인해 임산부는 더욱 민감해진다. 어쩌다 외출을 하면 여자들은 동정의 눈빛을 보내고, 남자들은 얼굴과 배를 번갈아 보며 묘한 시선을 던진다. 노골적으로 '배불뚝이' 라고 놀리는 사람도 있다. 이렇게 되면 임산부는 위축되어 대인 기피증마저 걸릴 지경이 된다. 모성에 바치는 존경은 각 사람의 자신의 어머니에 대한 개인적 감정일 뿐, 다른 임산부에게도 동등하게 적용되는 것은 아니다. 임산부에게 절실한 것은 생명을 존중하는 마음을 담은 따뜻한 눈길이다. 요즘은 저출산이 사회적 문제로 대두되어 임산부를 애국자로 떠받드는 분위기가 되었으니 다행이라고나 할까.

임산부의 태교는 부분적일 수밖에 없어도 아기를 위해 할 수 있는 여러 가지 방법이 있다. 충분한 휴식을 취하고 좋은 음악을 들으며 아기에게 이야기를 들려주는 흔한 방법 외에 어떤 태교 책은 글자공부를 시키는 요령을 설명하며 그것을 실천해서 자신의 아이들이 나중에 어떤 성취를 이루었는지를 소개하기도 한다.

무엇보다도 엄마가 할 수 있는 가장 훌륭한 태교는 엄마가 삶을 긍정하는 마음을 갖는 것이 아닐까. 여자인 자신의 삶을 사랑하고 그러한 기쁨을 자식과 기꺼이 나누길 원하는 것 이상 좋은 태교는 없는 것 같다.

여자로서의 자신에 대한 긍정성을 얻는 방법은 두 가지가 있다.

하나는 어려서부터 철저하게 여성의 역할에 충실하도록 교육받고 사회 분위기가 그렇게 형성된 곳에 사는 여성이다. 남녀의 성 역할이 분명했던 과거나 전통적으로 아직도 가부장적 분위기가 강한 곳의 여성은 임신으로 인해 자신의 정체성을 확고히 하며 비로소 여성으로서의 역할에 충실하게 된 것에 안도한다. 다른 역할은 꿈꿀 수도 없고, 꿈꾸어서도 안 되는 곳에서 여자의 임무는 단순해진다. 인간도 하나의 동물이라는 측면에서 본다면 종족 번식에 기여하는 것은 너무나도 자연스럽고 자랑스러운 일이다. 동물의 세계에서 새끼들을 거느리고 흐뭇한 표정으로 바라보는 어미의 표정은 비록 그것이 짐승일지라도 충만감을 전해 주기에 부족함이 없다. 아이를 많이 낳고 기르는 일에 만족하며 그것이 존재의 이유라고 믿는 여인의 표정은 순하고 편하다.

두 번째로 아기에게 기쁨을 줄 수 있는 사람은 자신의 생을 잘 가다듬은 여자다. 아기에게 육체적으로는 물론, 정신적으로도 넉넉한 공간을 내어줄 수 있는 여유를 가진 어머니에게서 아기는 편안함을 느낄 것이다. 출산의 고통마저 기쁨으로 이겨내는 사람도 있다. 지휘자 정명훈의 어머니 이원숙 씨는 7남매를 해산할 때 한 번도 소리 지르며 울지 않았다고 한다. 어떻게 그럴 수 있느냐고 누군가 물었더니 그녀는 "하나님이 주신 생명, 천하와도 바꿀 수 없는 생명이 나를 통해 세상에 태어나는데 내가 기뻐서 환성을 올릴지언정 어떻게 울 수 있겠습니까"라고 답했다고 한다. 해산은 태교를 마무리 짓는 시점이다. 출산할 때 아기는 산모보다 7배 이상의 스트레스를 겪는다고 하니 산모가 아기에게 용기를 주는 심정으로 보조를 맞추면 순산할 확률도 높아질 것이다.

젊은 나이에 이렇게 성숙한 마음가짐을 갖추기는 쉽지 않다. 그래서 젊어서 아기를 가지면 건강해서 좋지만 정신적으로는 미성숙하다는 단점이 있고, 나이 들어 아기를 낳으면 힘은 더 들지만 산모의 성숙이 아기에게 좋은 영향을 끼친다고 한다. 뒤늦게 얻은 자식이 크게 되는 경우가 적지 않은 것을 보면 틀린 말은 아닌 것 같다. 철든 뒤에 아이를 낳으면 좋겠지만 대부분의 사람들은 아이를 낳고 기르며 철이 들어간다.

두 번째 임신부터는 좀 더 잘 적응하고 막연한 두려움은 사라지지만, 책임감은 더욱 무거워진다. 육체적으로는 임산부 혼자 감당할 수밖에 없다 하더라도 정신적으로 남편을 비롯한 주위 사람들의 배려는 언제나 필요하다. 태교는 외롭지 않은 과정이어야 한다. 그 시기에 접한 주위의 반응을 두고두고 잊지 못할 만큼 임산부는 예민하다. 뱃속의 아기도 그럴 것이다.

남자의 턱

남자는 아침마다 턱을 치켜 올리며 거울 앞에 선다. 거품을 턱에 묻혀 시퍼런 면도날로 수염을 써억 써억 밀어내는 모습은 비장한 의식을 치르는 듯 엄숙하다. 전투 같은 경쟁 속으로 뛰어들기 전에 자신의 턱에 칼을 들이대며 남자는 각오를 다지는지도 모른다. 자칫하면 살을 베일 수 있기 때문에 급해도 서두르면 안 된다. 턱을 가다듬는 남자의 느릿하면서도 신중한 동작은 우아해 보이기까지 한다. 면도를 끝내고 스킨로션을 턱에 가볍게 두드리는 마무리에서는 경쾌한 리듬감이 느껴진다. 산뜻하게 하루를 시작할 준비가 완료되었다. 여자가 면도하는 남자를 바라보는 느낌은 남자가 화장하는 여자를 바라보는 기분과 비슷할 것이다.

턱은 얼굴에서 남녀를 가장 잘 구분 짓는 부위다. 아무리 곱상하게 생긴 남자도 턱에서만큼은 남성성을 숨길 수 없다. 남자임을 잊지 않게 해 주겠다는 듯 수염은 매일 턱에서 돋아난다.

수염을 길러 가꾸는 사람에게서는 권위의식이 느껴진다. 남성성의 상징인 수염을 어루만지며 그는 남자임을 자각하고 즐긴다. 여자가 자신의 여성성을 과시하기 위해 머리카락을 기르는 것과는 대조적이다. 머리를 길게 기른 남자는 여성성을 존중하는 것처럼 보이지만, 수염을 기른 남자는 여성에게 위협적으로 보인다. 수염의 권위를 내세워 아랫사람과 여성을 억압할 것만 같아 선뜻 다가가기 어려운 인상을 준다. 예로부터 수염은 권위의 상징이었기에 가짜 수염을 단 여왕이 있었던 것도 무리는 아니다.

모든 수염이 권위적으로 보이는 것은 아니다. 선한 눈매에 인자한 미소를 지닌 남자의 덥수룩한 수염에서는 자연에 동화된 너그러움과 여유가 풍긴다. 모든 것을 이해해 줄 것 같은 완충장치적 푸근함이 느껴질 수도 있는 것이다. 큰 산마다 있는 산장 털보들의 수염이 이에 속한다. 세상의 욕심을 버리고 자족하는 남자의 수염은 편안하다.

며칠 동안 깎지 않은 수염이 돋아난 턱은 과도기적 혼란스러움 때문인지 지저분하고 초라해 보인다. 외모를 단장해야 하는 지위에 있지 않고, 할 마음도 없는 남자의 자포자기적 방치가 황폐한 턱에서 묻어나는 것이다. 꼼꼼히 면도해 일으켜 세워주고 싶은 연민을 일으키는 턱이다.

다행히 현대의 남성들은 대부분 턱을 면도한다. 겸손하게 드러난 턱 선은 얼굴형을 완성시킨다. 턱은 관상학적으로 말년 운과 재복을 나타낸다. 둥근 턱은 재복과 사교성이 있고, 사각 턱은 활달하고 책임감이 강하며, 뾰족한 턱은 신경질적이라고 한다. 이는 식성과 관계가 있는 것 같다. 식성이 좋으면 잘 먹기 때문에 턱이 발달하고 건강하여 자신감과 사교성이 생기는 반면, 뾰족한 턱은 유전적으로 식성이 좋지 않아서 허약하고 신경질적이며 비사교적이 될 확률이 높은 것이 아닐까. 신라시대 초기에는 왕을 결정할 때 치아의 개수가 많은 사람을 뽑았다고 한다. 식성 좋은 조상의 유전자를 물려받은 사람이 세상을 지배했던 것이다.

여자는 남자의 턱을 바라보며 무의식적으로 그의 성격과 건강, 사회적 능력을 측정한다.

여자가 남자의 깔끔하고 단단하며 넓은 턱을 좋아하는 것, 이유가 있다.

웨딩드레스의 의미

1. 결혼 전

빛을 안고 들어오는 꿈나라의 공주처럼 신부는 눈부시게만 보였다.

성장과정의 우여곡절도 웨딩드레스에 이르러 승화되어 절정의 순간으로 바뀌는 것 같았다. 이제 방황과 불안정은 끝났고 앞으로는 기쁨과 행복만이 함께할 것이라고 화려한 레이스 자락이 말하는 듯했다. 머리에 두른 왕관이나 꽃장식은 신부를 평범한 사람이 아닌 고귀한 사람으로 바꾸어 놓고, 손에 든 부케는 앞으로 신부의 가슴에 꽃 같은 함박웃음만 담길 것처럼 보이게 했다. 결혼 전에 바라보는 웨딩드레스는 그토록 유혹적이었다.

그런 한편, 의문스러운 점도 있었다. 하나같이 들떠서 자신감이 넘치는 신랑들과 달리 신부들은 대개 신비한 표정을 짓고 있었다. 모나리자처럼 웃는 듯 슬픈 듯 모호한 상태였다. 그 비밀을 알아내려면 결혼해 보는 수밖에 없었다.

식이 끝나고 퇴장하는 신부의 드레스 뒤로 길게 드리워진 면사포 자락은 쾌적한 휴식과 은밀한 달콤함을 약속하는 하얀 침대 시트의 이미지로 다가왔다.

미지의 세계로 첫 발을 내딛는 신부의 앞날을 기대감만으로 가득 채워 축복의 박수를 보냈다.

2. 나의 웨딩드레스

소개받은 가게에서 웨딩드레스를 고르며 난감했다. 마음에 꼭 드는 옷은 없었고, 그중에서 가장 잘 어울리는 것을 골라야 했다. 어딘가에 나를 위한 최상의 드레스가 있을 것이라고 막연히 생각했었는데 한 곳에서 적당한 것을 골라야 한다는 것은 받아들이기 어려웠다.

결혼 상대자도 마찬가지였다. 여러 남편감을 만나 볼 기회를 갖기 전에 우연히 소개받은 남자와 결혼을 하게 되었다. 애정의 여부와는 별개로 평생을 좌우할 결정에 대한 일말의 불안감을 지울

수는 없었다.

선택의 폭에 대해 생각했다. 세상의 모든 웨딩드레스를 보고 나서 내 것을 고르는 것이 아니었고, 세상의 모든 남자를 만나고 나서 남편을 고르는 것이 아니었다. 활동 반경이 좁고 소극적 자세 때문인지는 모르지만, 상상 속의 선택과 현실 속의 선택은 같지 않았다. 그래서일까. 나도 결혼식 날, 모나리자와 비슷한 표정을 지었던 것 같다.

아침 일찍 미용실에 가서 화장과 머리 손질을 마친 다음, 웨딩드레스를 입었다. 새 인생의 그림이 그려질 하얀 도화지로 거울 속에 비쳐진 웨딩 드레스였다. 30여 분 간의 예식이 끝나자 웨딩드레스 가게의 직원이 나보다 드레스를 더 소중히 다루며 서둘러 옷을 벗겼다. 웨딩드레스를 입은 시간은 고작 서너 시간에 불과했다.

다른 신부들도 이렇게 결혼식을 치르고 허겁지겁 드레스를 벗어주었겠지 생각하니 허탈했다. 예전에 보았던 신부들의 모습은 내 머리 속에 오래도록 박혀 있는데 정작 신부들은 자신의 모습을 기억조차 못할 정도로 여유 없이 식을 치르는 것이 결혼식의 실체였다.

그림에 대한 구상이 채 끝나기도 전에 빼앗긴 도화지 한 장에 대한 아쉬움이 마음 한구석에 아직도 남아 있다.

3. 결혼 후 15년까지

신부를 바라보며 '너도 이쪽 세계로 들어오는구나' 하는 생각이 먼저 들었다.

결혼 후, 부부 사이의 차이점을 이해하고 새로이 형성되는 가족관계에 적응하는 일, 살림 꾸리며 아이를 낳고 키우는 일, 그 어느 것 하나도 쉬운 일은 없다. 여자들이 결혼 후에 수다스럽고 용감해지는 이유도 인생살이의 고달픈 쓴맛을 보았기 때문이다. 신부의 수줍음과 연약함을 바라보며 앞으로 변해갈 모습을 상상하면 착잡해진다.

자신의 삶은 어머니의 삶과는 다를 것이라고 믿으며 살아왔던 여자는 결혼생활의 엇비슷함에 놀랄 것이다. 여자는 비로소 어머니와의 동질감을, 여성 전체와의 상통점을 발견하게 된다.

신부의 몸에 걸쳐진 웨딩드레스는 그물망이다. 결혼제도의 틀이라는 그물망은 여자에게 더 촘촘한 망으로 드리워진다. 당황하여 몸부림치기보다는 침착하게 다루어야 그물 안에서 자유롭게 움직일 수가 있다. 그물망이 동시에 보호막이 되기도 하는 것은 결혼의 양면성을 드러낸다.

며칠 후부터 신부의 몸에는 하얀 앞치마가 둘러질 것이다. 위생적이고 희생적인 그 앞치마는 점점 손때와 얼룩으로 더럽혀질 것이다. 아무리 삶아도 다시는 새것처럼 빛나지 않을 것이다.

4. 결혼 15년 이후

어느 날, 조카의 결혼식에 참석했다. 사촌 언니의 아들은 몇 년 못 본 사이에 멀끔한 청년으로 성장해 있었다. 조카들 중에서는 첫 결혼식이었는데 생각해 보니 조카가 아이를 낳으면 아기에게 나는 할머니뻘이 된다.

신부를 며느리 보는 심정으로 바라보자니 기분이 착잡했다. 내 세대의 결혼식은 벌써 지나가고, 다음 세대의 결혼식이 한창 진행되고 있었다.

그날 이후로는 신랑, 신부를 보는 관점이 사위, 며느리를 보는 시선으로 바뀌었다. 신랑이나 신부의 태도와 인상을 살피며 나름대로 점수를 매겨 본다. 외양보다 행동거지가 더 눈에 들어와 웨딩드레스는 그저 예복일 뿐 어떤 특별한 의미로 다가오지 않는다. 하얀 셔츠를 대하듯 평범한 느낌이다. 웨딩드레스 위에 덧입혀졌던 의미는 사라져 버렸다.

웨딩드레스에 대해 이렇게 무덤덤해진 것이 어느 때는 아쉽다.

나에게는 아직 결혼하지 않은 친구가 있다. 친구가 전화하면 "제발 신부 친구의 자격으로 결혼식에 참석할 영광을 달라"고 조른다. 언젠가 친구가 결혼하게 되면 나서서 웨딩드레스를 같이 골라주어야겠다.

입장 바꾸기

크리스토퍼와 페트로니우스는 식탁을 치우기 시작했다. 그들은 식당에서 나가 부엌으로 들어갔다. 거기 있는 것이 훨씬 더 나았다. 페트로니우스는 문을 닫았다. “아빠, 아빠가 엄마에게 부성보호를 받는 이유를 이해할 수 없어요. 아빠는 엄마를 기쁘게 하려고 쓸개까지 다 빼주면서도 아직도 아빠 시간 중의 육십이 퍼센트나 엄마한테 시달린다구요.”

“무슨 얘길 하는 거니?”

“맞아요. 육십이 퍼센트에요. 내가 계산해 봤다구요. 나는 엄마가 아빠한테 짜증내는 횟수도 기록했어요. 난 지난 석 달 동안의 결과를 합계해 봤어요.”

“요점이 뭐니?”

"엄마는 항상 자기주장을 증거로 뒷받침해야 한다고 말했지요. 그래서 나는 이 집에서 일어난 모든 것을 기록하기 시작했어요."

"그런데 그걸 가지고 무얼 하려는 거니?"

"그걸로 무얼 하냐구요? 모르겠어요. 아무튼 나는 어떻게 아빠가 엄마와 함께 사는 걸 견딜 수 있는지 이해할 수 없어요."

"그래도 난 네 엄마를 사랑한단다."

— '이갈리아의 딸들' 중에서

이갈리아는 남녀의 성역할이 현재와 반대인 가상의 나라다. 남자 주인공인 페트로니우스는 육아와 집안일을 담당하면서 가장인 엄마의 비위를 맞추려 애쓰는 아빠를 이해할 수 없다고 말한다. 남성에게 가해지는 불평등에서 벗어나고자 그는 남성해방 조직에 가담한다. 저자인 게르드 브란튼베르그는 노르웨이 오슬로 출신으로 여성해방론자다.

여성에게는 자신의 처지를 다시 한 번 뒤돌아보는 계기가 되고, 남성에게는 그동안 당연시 여겨왔던 여성관에 대해 자성하는 기회를 주는 책이다. 소설 속 남자들이 현재의 여성들보다 훨씬 비참해 보이는 이유는 지위가 하락되었다는 생각 때문일 것이다. 부자였던 사람이 가난해지면 원래 가난하게 살던 사람보다 동정을 더 받는 것과 같은 이치다.

현대에서 아직도 남녀평등이 실현되지 못한 부분은 남아 있다. 여성 스스로도 결혼 전까지는 성차별을 절실히 느끼지 못하는 경우가 많다. 결혼과 동시에 남녀의 역할이 분명해짐에 따라 여자는 자신의 성을 재인식하게 된다.

남녀평등의 문제에서 중요한 역할을 하는 것은 경제권이다. 경제권 즉, 돈이 생존권인 세상에서는 누가 경제권을 쥐고 있느냐에 따라 주도권이 결정된다. 아직은 남자가 돈을 벌고, 여자가 살림을 하는 가정이 더 많다. 당연히 가정의 주도권도 남자가 쥐게 된다.

그러나 세상은 어느 정도 공평한가 보다. 나이 들어 남자가 직장에서 은퇴하면 상황은 역전되기 시작한다. 남자는 한순간에 모든 면에서 무능력자로 전락한다. 그는 자신이 먹을 음식을 만들 줄도, 세탁기 돌리는 법도 모르며, 남아도는 시간에 어떤 소일거리를 해야 할지 갈피를 잡지 못한다. 거래상 만났던 사람들과는 자연히 연락이 끊기고, 개인적으로 마음을 터놓을 친구를 사귈 여유도 없었던 터여서 외로워진다. 자식과의 관계도 그동안 사회생활의 압박감 때문에 평소 챙기지 못했기 때문에 서먹하기 일쑤다. 특정한 목적 없이 외출하는 것에 익숙하지 않은 그들은 집에 머무는 시간이 많아진다. 육체적으로는 여성호르몬이 증가하여 의기소침해지고 소극적이 된다.

반면, 여자는 남편과 낮에도 같이 있어야 하고, 세 끼 식사를 차려줘야 하는 상황이 부담스러워진다. 한 공간에서 하루 종일 같이 지내야 하는 상황은 친밀지수를 높이기는커녕 불쾌지수만 올린다. 결국 여자는 남편에게 안방을 내주고 다른 방으로 피신한다. 여자는 친구와 만나거나 쇼핑을 가려고 해도 눈치가 보인다. 그래도 남편을 위해 집에만 있지는 않는다. 결혼한 여자에게는 노년이 가장 자유롭고 즐기기 좋은 때다. 아이들 키우느라 못 가본 곳도 가고, 배우지 못한 것도 배우고, 만나지 못한 사람들도 만날 수 있다. 여자가 곰국을 한 솥 끓여놓고 친구들과 해외여행을 간다 해도 남자는 말릴 이유를 찾지 못한다. 여자는 나이 들면서 남성호르몬이 증가하여 대담해지고 적극적이 된다.

이때 부부싸움이 벌어지면 남자가 여자를 이기기 어렵다. 자생능력이 없는 남자는 큰소리치는 여자의 기세에 눌릴 수밖에 없다. 여자에게 식사를 기대고 있다는 것은 자신의 건강과 생명을 담보 잡힌 상태이기 때문이다. 치사하지만 밥을 얻어먹기 위해서 남자는 자신을 굽혀야 하는 것이다. 여자가 젊은 시절, 남자가 벌어오는 돈의 위세에 눌렸다면, 남자는 나이 들어 여자가 해 주는 밥의 위세에 눌리는 셈이다.

남자가 돈의 위세를 믿고 여자를 거칠게 대해 왔다면 그는 노년에 앙갚음을 감수해야 한다. 유리한 위치에 있을 때 상대방과 입장을 바꿔 생각하기가 쉬운 일은 아니다. 그것이 쉽다면 '이갈리아의 딸들' 같은 책이 나오지도 않았을 것이다.

일상의 바위

아침 6시, 자명종 시계가 자지러지듯 몸을 떨며 고음의 쇳소리를 지른다. 따뜻한 곳에서 얼음장 위로 내몰린 것처럼 소스라치며 손을 내밀어 시계 뒷부분에 달린 스위치를 끈다. 미지근한 상태에서 기계적으로 몸을 일으킨다.

시지프스는 신의 노여움을 사 명계에서 돌덩이를 산꼭대기로 밀어 올리는 일을 거듭한다. 그는 망설임 없이 매번 혼신의 힘을 기울여 비탈길에서 돌덩이와 씨름을 한다. 시지프스가 신이 내린 벌을 감당해야 하듯, 주부는 가족에 대한 의무를 수행해야 한다.

아침상을 차리고, 나갈 준비를 하는 식구들을 거드느라 부산을 떤다. 모두 나간 뒤에도 갖가지 일거리가 눈앞에 펼쳐져 있다.

싱크대에는 그릇들이 쌓여 있고, 방마다 침구와 옷가지, 물건들이 흉측한 자세로 널브러져 있다. 세탁통은 네 식구의 일상 활동의 증거물인 땀 냄새가 밴 옷들로 가득하다. 움직일 때마다 이리저리 휘저어졌던 공기 중의 먼지들은 이제야 안정을 찾았다는 듯 사뿐히 가구와 방바닥 위에 내려앉는다.

시지프스는 경련이 이는 얼굴로 바위에 뺨을 비벼대며 진흙으로 덮인 바위를 어깨로 떠받쳐 무게를 지탱하느라 애를 쓴다. 버틴 다리는 후들거리고 온몸은 흙투성이다. 노동에 몰입되어 오로지 돌을 산꼭대기로 올리는 것에만 전념하는 시간이다.

이 방 저 방 오가며 잠시라도 쉬면 바위에 밀리기라도 할 듯 숨가쁘게 집안일을 한다. 정리가 끝나고 주위를 둘러보면 분위기가 숙연하다. 한숨 돌리는 안도감 끝자락에 기분이 약간 침체된다. 이제부터 다음 일과까지의 짧은 빈 시간을 어떻게 활용할지 생각한다. 친구와 약속을 하기에는 시간이 늦었고, 운동을 하기에는 몸이 지쳤다. 신문을 대충 읽고 나서 시계를 보니 점심시간이다. 간단히 차린 끼니를 먹으며 오전 내내를 소모한 일과에 대한 회의에 사로잡힌다.

카뮈는 시지프스가 비탈길을 걸어 내려오는 동안을 휴식이자 의식의 시간으로 규정한다. 바람의 신과 그리스인의 시조인 헬렌 사이에서 태어났고, 오디세우스의 아버지이며, 코린토스의 왕이었던 시지프스는 자신의 생애를 되돌아볼 것이다. 이승에서의 행동의 결과인 이 지루하고 고된 작업이 원망스러워 후회할지도 모른다. 인간 중에서 가장 신중했다는 시지프스는 이러한 상황에 어떻게 대처하는 것일까.

일찍 나가야 하거나 피곤할 때는 아침의 일과를 미뤄놓기도 한다. 그렇지만, 오후가 되어도 일거리들은 그때까지 내 손길을 기다리고 있다. 미룰 수 있지만 피할 수는 없는 하루하루의 일과가 때로는 돌덩이 같은 무게로 다가온다. 공적인 일은 가시적 결과물과 보상이 있지만, 집안일은 아무리 잘해 놓아도 원점으로 되돌아간 상태밖에 되지 않는다. 그런 점에서 집안일은 공적인 업무보다 더 시지프스의 노역과 비슷하다.

시지프스는 신 앞에서 무력한 존재이기는 하지만, 반항하기를 두려워하지 않았다. 그는 자신의 비참함을 잘 알고, 행위의 연속을 똑바로 주시한다. 아무 의미 없는 노동은 그리스인들이 상상할 수 있는 최대의 고통이었다. 시지프스는 행복하게 일을 함으로써 신을 비웃을 수 있다고 생각한 것일까. 시지프스가 비탈을 내려오는 시간은 부조리를 인식하는 비극의 시간이지만, 자신의 처지에 수긍하는 시지프스를 상상해야 한다고 카뮈는 말한다.

나는 왜 이 일을 하지 않으면 안 되는가. 답을 구하려면 현재 상황에서 떨어져 생각해 보아야 한다. 객관적 시점에도 두 가지— 인간의 관점에서 보는 것과 영원 또는 신의 관점에서 보는 것이 있다. 이러한 자기 의식과 자기 초월은 인간 능력의 한계라는 공통된 결론에 이르게 한다. 자신의 존재에 대한 절망감은 인간을 자살로 이끌기도 한다. 그러나 죽음을 선택할 것도 아니고, 영원을 초월하여 신이 될 수 있는 것도 아니라면 인간은 자신의 생에 최대한 충실할 도리밖에 없다.

시지프스는 오직 성실성으로 고통을 감당할 행복을 얻는다고 카뮈는 해석한다. 산다는 것은 움직이는 것이며, 반복적 일과든 느릿한 걸음걸이든 그 모든 움직임의 필연성을 긍정함으로써 고통은 의미를 잃는다. 신의 의도는 다시 한 번 멸시되어지고, 시지프스는 주인의식을 갖고 앞으로 나아간다.

장을 보러 슈퍼마켓으로 가니 주부들의 부산한 움직임에서 활기가 느껴진다. 가족들에게 일상을 감당할 에너지를 공급하기 위해 먹을 것을 고르는 그녀들의 눈빛은 암사자를 닮았다. 경쟁하듯 이것저것을 골라 카트에 가득 담았다. 터질 듯한 봉지들을 양 손에 들고 시지프스처럼 끙끙대며 집안으로 올려다 놓았다. 가쁜 숨을 진정시키기 위해 물 한잔을 마셨다.

강신 아소포스에게 제우스가 납치해 간 딸의 행방을 알려주는 대가로 시지프스는 산에 마르지 않는 샘을 만들어 달라고 했다. 물이 귀해 고생하는 백성들을 위해서였다. 진노한 제우스가 보낸 저승사자를 시지프스는 사슬로 묶어 감옥에 가두었다. 제우스는 이번에는 전쟁신 아레스를 보냈다. 코린토스 전체가 멸망할 것을 걱정한 시지프스는 스스로 항복을 했다. 신의 입장에서는 얄밉고 교활한 인간이지만, 인간의 입장에서는 희생적이고 현명한 사람이 시지프스였다. 당시 만들어진 샘에서는 지금도 시원한 물이 솟아난다고 한다.

화초에 물주는 것을 잊고 있었다. 베란다로 나가 물을 뿌리며 화초들을 들여다본다. 난 꽃은 핀 지 세 달이 넘도록 지지 않고 있다. 아이비도 보드라운 새잎을 계속 만들어낸다. 토마토 줄기를 만졌더니 특유의 풋냄새가 코끝에 번진다. 아이가 학교에서 얻어 온 장수풍뎅이 애벌레는 얼마 전까지 꽤 꿈틀대더니 지금은 번데기가 되기 위해 꼼짝도 않고 있다. 인간은 때로 본능적으로 삶에 충실한 동, 식물을 부러워한다.

명계로 잡혀간 시지프스는 사흘 동안만 이승에 다녀오겠다고 하고서는 꾀로 저승사자의 체포를 피하며 이승에서 덤으로 얼마간을 더 살았다. 그동안 그는 초목과 동물, 바다와 강물의 아름다움을 만끽했다. 자연을 들여다보며 그는 그 속에 숨겨진 진리를 엿본 것일까. 동, 식물의 순응적 태도는 어떻게 보면 무지함이 아닌 초월의 결과인지도 모른다. 삶 자체를 사랑했던 시지프스의 정열은 명계의 고통을 견딜 수 있는 원동력이 되었다.

저녁 식사 준비를 하기 전에 물 컵을 씻으려는데 빨간 수세미가 눈에 들어온다. 이것으로 컵을 닦으면 빛이 난다며 친정어머니가 손수 짜준 것이다. 사용해 보니 어떠냐고 재차 묻던 어머니에게 건성으로 답한 터였다. 사소한 재미를 만들어가며 살림살이에 대한 관심이 일흔이 되도록 여전한 어머니가 경이롭기만 하다. 컵을 닦은 뒤 들어올려 살펴본다. 아주 반짝반짝하다.

휴지통이 된 핸드백

세상에서 제일 깨끗하게 태어나지만, 가장 더럽게 버려지는 것은 휴지다. 내가 어디에 있든 내 주변에서 없어서는 안 되는 물건이기도 하다. 비염 때문에 언제 어디서 콧물이 흘러나올지 모른다. 각 방과 자동차에 휴지를 비치해 두고, 핸드백이나 호주머니에 넣고 다닌다.

음식점에서는 휴지부터 가까이 놓아야 안심이 된다. 뜨겁거나 매운 음식을 먹을 때 휴지는 대량 희생된다. 음식점에서 나오다 몇 장 집어오는 것은 물론, 화장실 휴지를 조금 떼어오기도 하고,

손 닦은 후 물기 닦는 휴지를 뽑아오기도 한다. 핸드백 속은 각종 휴지들의 집합소가 된다.

산책할 때는 주머니에 휴지를 넣는다. 찬 공기나 매연이 코에 닿으면 이내 콧물이 흐른다. 깜박하고 휴지를 잊고 나와 공원의 화장실에 도착할 때까지 곤란했던 적이 있다. 요즘 휴지가 비치되지 않은 화장실은 거의 없다. 예전의 화장실에서는 "휴지를 가져가지 마시오"란 경고문을 쉽게 볼 수 있었다. 이제 휴지를 통째로 훔쳐가는 사람은 없나 보다. 우리나라가 잘 살게 되었다는 것을 휴지로 느낀다.

휴지의 질도 좋아졌다. 뻣뻣하고 형광물질이 많이 첨가된 휴지도 적어졌다. 내가 가장 싫어하는 휴지는 주유소에서 감사의 표시로 나눠주는 인공향을 첨가한 휴지다. 콧물 닦으려다 증세를 더 심하게 하는 그 휴지는 정말 감사하지 않다.

나에게 휴지의 질은 방문한 곳의 수준을 재는 척도다. 실내장식이 그리 고급스럽지 않아도 질 좋은 휴지를 갖춘 음식점은 호감이 간다. 고급식당은 휴지도 고급인 경우가 대부분이지만, 어떤 곳은 식탁 위에 휴지가 아예 없어서 종업원에게 휴지를 갖다 달라고 부탁을 해야 한다. 종업원이 바빠 휴지를 빨리 가져오지 않으면 그 식당에 대한 나의 평가는 아래로 내려간다. 최고의 휴지는 양식당에 있다. 무릎 위에 놓는 냅킨용 휴지는 큼지막하고 두툼하며 부드럽고 먼지도 잘 나지 않는다. 그 냅킨을 핸드백에 넣을 땐 뿌듯하다.

휴지는 무엇을 닦기 위한 용도로만 쓰이는 것은 아니다.

휴지는 메모지를 대신한다. 펜을 천천히 눌러 쓰면 몇 자 정도는 충분히 쓸 수 있다. 마음먹으면 시 한 편도 너끈하다. 주인만 잘 만나면 이중섭의 담배 은박지 못지않은 역할을 할 수도 있다.

심심할 때는 장난감이 된다. 약속 장소에 먼저 도착해 기다릴 때 휴지 접기를 하고 있으면 시간이 금방 간다. 근사하게 학이라도 접어 친구에게 선물하면 좋으련만, 기껏해야 비행기에 그치기는 하지만.

휴지는 추억을 매개하기도 한다. 오랜만에 꺼내 든 핸드백 속에서 몇 년 전에 갔던 식당의 휴지를 발견하고는 그때를 회상하며 추억에 젖는다. 다시 가 보고 싶은 식당의 전화번호를 알아내기 위해 당시 들었던 핸드백을 뒤지기도 한다. 예상이 적중해 찾는 휴지를 발견했을 때는 보물을 찾은 기분이다.

이렇게 휴지를 애용하지만, 휴지 때문에 두려움을 느끼는 경우도 두 가지가 있다.

첫째는 호주머니에 넣어 둔 휴지를 빼지 않고 빨래를 했을 때다. 휴지가 산산조각으로 녹아 나머지 빨래에 붙어 있는 것을 보면 한숨만 나온다.

두 번째는 휴지가 가득 찬 내 핸드백을 누가 들여다볼까 봐서다. 새 것, 쓰다 만 것, 버릴 것이 섞여 핸드백은 휴지통이나 다름없다. 가끔 청소를 하기는 하지만, 며칠 지나면 다시 핸드백은 휴지로 수북해진다.

손수건을 갖고 다니면 이 두 가지 문제가 다 해결되고, 환경보호에도 도움이 되겠지만, 왜 난 휴지를 고집하는지 모르겠다. 일종의 강박증이 생긴 듯하다. 휴지만 보면 나도 모르게 손이 간다.

매년 식목일이 되면 죄책감에 빠지지만, 핸드백 속에 휴지가 가득하면 돈 만큼 든든하다. 나무의 팔자도 제각각이다. 내 핸드백 속만 보아도 돈, 휴지, 종이로 운명이 갈려 있다. 돈은 가치가 더 높지만 여러 사람의 손을 거치고, 휴지는 가치가 낮지만 한 사람에게만 사용된다. 그 가치라는 것은 전적으로 인간의 판단에 근거하고 있으므로 팔자로 치면 휴지가 돈보다 나은지도 모르겠다. 책이 된 종이는 가장 유식한 척을 할 테고, 감상적인 단상이 적힌 종이는 본의 아니게 우울증에 빠졌을지도 모르겠다. 돈이 아무리 교만한 표정을 지으며 휴지를 무시한다 해도 콧물이 흐르는 순간, 내게 휴지는 돈보다 소중하다. 다른 것으로 어떻게 콧물을 닦을 수 있겠는가. 휴지가 돈이나 책에 못지않은 자존감을 느낄 수 있는 곳이 내 핸드백 속이다.

제3장

나이 들어도 시들기를 거부하고, 기꺼이 자신을 소모시키는 사람도 있다.
아줌마와 아저씨는 노년을 앞두고 다시 한 번 선택의 기로에 서게 된다.
소모될 것인가, 시들 것인가.

100원의 위력

슈퍼마켓에 가기 전에는 100원짜리 동전부터 챙긴다. 체인에 묶인 카트를 꺼내려면 100원이 필요하다. 동전 구멍에 100원을 넣고 카트를 빼는 순간, 100원이 화려하게 홀로서기를 한다. 어쩌다 100원이 없을 때는 그렇게 아쉬울 수가 없다. 500원이나 1,000원을 내면 바꿔주기는 하지만 큰 돈이 쪼개지고 지갑이 무거워지니 달갑지 않다.

요즘은 동전을 사용할 기회가 별로 없다. 버스와 지하철, 가게에서는 카드를 쓰고, 공과금은 자동이체로 하며, 공중전화는 휴대폰이 대신하니 지갑에 동전이 있으면 오래도록 들고 다녀야 한다. 어쩌다 지갑을 채우고 있는 10원짜리 동전들을 보면 눈이 흩겨진다.

외출할 때 지갑에서 동전을 자꾸 꺼내놓다 보니 집안에 동전이 쌓여간다. 저금통이 가득 차서 책상과 화장대 위에도 몇 개씩 있다. 은행에서는 동전을 대량으로 교환할 경우, 수수료를 물리는 방안을 검토한다는 기사도 있었다. 동전교환이 시간과 인력만 축내는 달갑지 않은 일이 되고 보니 저금통을 은행에 가져가는 것도 꺼려진다.

그래도 시장에서는 동전의 가치가 피부로 느껴진다. 100원은 구운 김을 살 때도 그 가치를 다시 생각나게 한다. 지퍼식 비닐 봉투에 담긴 것은 접착식 봉투보다 100원이 비싸다. 100원을 더 주고 편리함을 선택할 것이냐, 100원을 아끼고 불편을 감수할 것이냐 매번 고민이 된다. 접착식 봉투에 담긴 것은 집을 때는 뿌듯하고 집에 가서는 후회한다. 지퍼식 봉투는 집을 때는 께름칙하지만 집에 가서는 기쁘다. 아직 둘 중 어느 것을 확정하지 못했다. 한번은 접착식 봉투를, 다음에는 지퍼식 봉투를 사는 식이다.

장을 다 보고 계산대 앞에 서면 또 갈등이 시작된다. 쇼핑 봉지를 가져 온 날은 괜찮지만 사야 할 때는 몇 장을 살 것인지 물건 양을 잘 살펴야 한다. 많을 때는 미련 없이 두 장을 사지만, 어중

간할 때 한 장만 사고는 고생한 적이 많다. 그러다 어깨가 아파 파스 값이 더 들어 앞으로 봉지 값은 안 아끼리라 다짐도 해 보지만, 50원짜리 봉지 한 장 더 사는 것이 선뜻 결정되지는 않는다. 공짜로 받던 봉지를 돈 주고 사게 되니 더 아까운 것일까.

잔 푼에 발발 떨지 말고 큰 데서 아껴야지 싶기도 하다. 그러나 이럴 때는 부푼 풍선의 입구를 틀어쥐고 있는 상황이 떠올려진다. 이 구멍을 잡은 손의 힘이 빠지면 그 안의 바람이 순식간에 다 새어나올 것 같은 두려움이 든다. 어쩌면 체계적이지 못한 경제관념에 대한 자책에서 벗어나고자 잔돈에 집착함으로써 스스로가 알뜰하다는 위안을 삼고 싶은 것인지도 모르겠다.

주차장에서 물건을 차에 실은 다음에는 보관소로 카트를 밀고 간다. 예전에는 가까운 데 놔두면 되었지만 이제는 제자리에 갖다놓아야 100원을 되찾는다. 먼 곳까지 꾸역꾸역 카트를 밀고 가며 100원어치 노동을 한다. 100원이 사람을 움직이게 하는 것이다. 앞 카트에 달린 열쇠를 구멍에 맞추자 100원이 튀어 나온다. 누가 주기라도 한 것처럼 기분이 좋다. 주위를 둘러보니 방치된 카트가 하나도 없다.

알 꿈

아침 식탁에서였다.

무슨 이야기를 하다가 갑자기 머릿속에서 어젯밤 꿈이 선명히 떠올랐다.

"아, 나 좋은 꿈꿨는데."

"그래? 말하지 마."

전에도 몇 번 좋은 꿈이라며 들려준 것을 믿고 로또 복권을 샀다가 실패한 적이 있지만, 남편은 내 입을 막았다. 듣고 싶은 걸 애써 참는 눈치였다.

출근 준비를 다 마친 그는 집을 나서기 전에 한마디 한다.

"오늘 나가서 로또 사 봐."

"사 봐야 돈 낭비지 뭐."

"그래도 되면 어떻게 할래?"

"되면? 나 다 갖지 뭐."

그는 맥 빠진 표정을 지었다.

"아니야, 자기가 내 꿈 사."

나는 만 원만 받을 생각이었다.

그러나 부부 사이에 돈 주고 꿈 사는 것도 웃기고, 로또 사러 가기도 귀찮았는지 아니면 내가 얄미웠는지 그는 별 대꾸 없이 집을 나섰다.

나는 꿈을 다시 생각해냈다. 닭이 알을 낳는 장면이었다. 한 마리가 계속해서 열 너덧 개의 알을 낳았다. 약간 말랑말랑해 보이는 알들은 맑은 물속으로 떨어졌다. 꿈의 내용도 그렇지만 눈에 보일 듯이 확실하게 기억에 남은 것이 신기했다.

오후에 어머니가 콩비지 찌개와 파김치, 고추조림을 가져왔다.

점심을 먹으며 음식 이야기가 나왔는데 중국에서는 계란이나 오리 알을 소금물에 절였다 먹는다는 것이었다. 이런 이야기를 들으려고 알 꿈을 꾸었던 것일까.

어머니와 슈퍼에 갔다.

두부 한 모를 샀는데 콩나물 한 봉지와 샐러드드레싱을 덤으로

준다. 이어서 특별행사라며 플라스틱 용기 안에 들어 있는 당첨 용지 한 장을 뽑으라고 한다.

종이를 뽑기 전에 용기를 보니 1등엔 10만원 상품권, 2등엔 5만원 상품권이라고 쓰여 있다. 그 이하 등수는 보지도 않고 나는 의기양양하게 손을 집어넣었다. 내 손에 두 장이 잡혀 나왔다. 나는 위의 것을 선택했다. 여직원은 내 용지를 받아 동전으로 긁기 시작했다. 이 순간을 좀 더 천천히 즐겨도 좋으련만 여직원의 손놀림은 너무도 신속했다.

"4등이시네요."

"네? 그건 뭐예요?"

"계란 두 개예요."

여직원은 포장된 두 알의 계란을 내놓는다.

"아아!"

소중한 알 꿈이 계란 두 개로 끝나려나.

"싫으시면 된장찌개 양념 두 팩으로 하셔도 돼요."

"그럼 그걸로 주세요."

미운 계란만 아니면 아무 거라도 괜찮았다.

어머니는 모시조개 두 팩을 사서 나에게 한 팩을 주었다.

계산대를 빠져나오자, 계란으로 받아올 걸 그랬나 하는 생각이

든다. 그 계란 두 알을 먹고 나면 무슨 좋은 일이 생길지도 모르는데.

집에 와 장 본 것을 냉장고에 넣었다. 된장이 많으니 된장찌개 양념을 괜히 받아온 것 같다. 꿈에서 본 것과 비슷한 개수인 한 팩만 되었더라도 계란을 가져왔을 텐데. 어쨌거나 알 꿈의 효력은 헛되이 깨진 것 같다.

가만, 알 꿈은 전혀 근거 없는 것은 아니었다. 오늘 나는 알을 닮아 동글동글한 콩으로 만든 콩비지찌개와 된장찌개 양념, 간장 샐러드드레싱 그리고 맑은 물에 끓여질 콩나물과 모시조개들을 얻었지 않은가.

나 어떡해

첫 아이가 태어나자 인생의 많은 부분이 변했다. 전혀 예측하지 못했던 상황도 있었다. 그중 하나가 TV드라마 한 편 제대로 보기가 힘들다는 것이었다. 드라마를 처음부터 끝까지 볼 수 있게 되기까지 삼사 년이 걸렸다.

그러자 영화관에 가서 홀로 영화 한 편 보는 것이 희망사항이 되었다. 요즘은 동네에 영화관이 몇 군데 생겼지만 십여 년 전만 해도 영화를 보려면 멀리 가야 해서 엄두 내기가 어려웠다. 아이가 초등학교에 입학한 뒤에는 둘째가 생겨서 꿈은 더 아득하기만 했다.

결혼한 지 16년이 지나 둘째가 초등학교 3학년이 되어서야 영화 관람을 혼자 즐길 수 있었다. 어두운 영화관에 앉아 아이용이 아닌 영화를 처음으로 호젓이 즐기는 기분은 특별했다. 이렇게 되기까지 그렇게 오랜 세월이 걸렸다니 믿기지 않을 정도였다.

그 다음 욕심나는 것은 콘서트에 가는 것이었다. 둘째가 5학년이 되어 저녁에 학원에 다니는데 마침 동네의 예술관에서 '김창완 자선 콘서트'가 열린다는 광고를 보았다. 아이를 학원에 내려주고 갔다 오면 아이가 돌아오는 시간에 맞출 수 있었다. 고교생인 큰애는 야간 자습 마치고 오면 11시 가까이 되니 걱정이 없었다.

일찌감치 퇴근한 남편과 서둘러 저녁을 먹고 집을 나섰다.

집 앞에서 옆집 엄마를 만났다.

"어디 가요?"

"김창완 콘서트요."

"좋겠다."

셋째 아이가 유치원생인 그녀는 부러운 표정을 지었다.

나는 회심의 미소를 지으며 돌아섰다.

아이를 학원 앞에 내려주고 공연장으로 가니 시작할 시간이 다 되었다. 하마터면 표를 못 살 뻔했다.

결혼한 지 18년 만에 남편과 단 둘이 공연장에 앉아 있으니 어색함마저 든다.

드디어 막이 오르면서 기타소리가 들리기 시작한다.

"내 마음에 주단을 깔고…."

오랜만에 가슴이 뛴다.

50세인 김창완의 목소리도 여전했다.

대부분 중년 이상인 관객들은 환호하며 박수를 보냈다.

"저렇게 노래하고 살면 신나겠다."

우리 둘은 들떠서 소곤거렸다.

네댓 곡 들었을까, 진동으로 해 놓은 핸드폰이 백 속에서 요동을 친다. 분위기 깰까 봐 모른 척 내버려 두었다.

조금 후에 남편이 핸드폰을 꺼낸다.

"어, 장모님이 전화하셨네. 무슨 일일까?"

핸드폰 개통에 문제가 있다는 이야기를 어제 통화에서 들었는데 이제 개통이 되었나 보다.

"공연 끝나고 전화 드려 보지 뭐."

노래에 집중하려고 하는데 핸드폰이 계속 부르르 떤다.

할 수 없이 전화기를 꺼냈다.

"받아 봐."

남편이 재촉한다.

"엄마, 여기 공연장이니까 이따 전화할게요."

할 말만 하고 얼른 전화기를 닫았다. 휴우 한숨이 다 나왔다.

조금 있으니 또 전화기가 진동한다.

이번에는 큰애한테서 온 전화다.

"왜?"

내 목소리는 짜증이 섞여 나왔다.

"일찍 끝내고 집에 가려고, 엄마 나 데리러 올 수 있어?"

"여기 공연장이야."

"그럼 버스 타고 갈게."

전화 끊고 나니 아이가 집 열쇠를 안 가져간 것이 생각났다.

아이에게 전화를 걸었다. 옆 사람이 눈총을 주건 말건 상관할 일이 아니었다.

시끄러운 음악 들으러 온 게 그나마 다행이지.

"엄만데 문 잠겨 있으니까 옆집에 가 있어."

결국 아까 만난 그녀의 신세를 져야 할 형편이다.

이제 노래고 뭐고 귀에 잘 들어오지도 않았다.

엄마는 뭐 딴 일로 전화하신 게 아닐까? 큰애는 옆집 가란 소리를 잘 들었나? 왜 일찍 오는 거지? 옆집 여자는 싫어하지는 않을까? 콘서트 끝나고 차 빼는데 시간 걸려 작은애가 밖에서 추위에 떨지나 않을까?

시계만 자꾸 들여다보았다.

김창완이 중간 중간에 이야기를 곁들이는 것도 듣기 싫어졌다.

저 아저씨 왜 저렇게 말이 많아, 노래나 빨리 하고 끝낼 것이지.

박수 치는 손에도 힘이 빠진다.

"한 곡 남기고 먼저 나가자."

남편도 같은 생각이었나 보다.

"나 어떡해, 나 어떡해, 나 어떡해, 나 어떡해~."

끝에서 두 번째 곡인 '나 어떡해'를 들으며 우리는 밖으로 나왔다.

"장모님한테 전화 드려 봐."

전화해 보니 예상했던 대로였다. 핸드폰이 개통되어 시험 삼아 집으로 했는데 안 받아서 핸드폰으로 건 것이었다.

큰애는 옆집에 가 있었다. 배가 아파서 일찍 왔다고 했다.

하필이면 오늘 밤.

나 어떡해~.

눈치극

종로로 가는 버스를 탔다.

여자 운전사가 "안녕하세요?" 하고 인사를 건넨다.

느닷없는 친절에 쑥스럽다.

카드를 감지기에 갖다 대고 버스 값을 치렀다.

버스 안을 훑어보았다. 창가 쪽 좌석이 몇 군데 비어 있는데 통로 쪽 좌석에 앉은 사람들이 가로막듯 앉아 있어서 비집고 들어가기가 민망하다.

맨 뒷좌석은 모두 비어 있다. 뒤로 가 창가에 앉았다.

어떤 두 남자는 일행인데도 한편에 같이 앉지 않고 통로 양쪽 자리를 차지하고 앉아 이야기를 나누고 있다.

10분쯤 가다가 공원 옆에 차가 섰다. 몇 분이 지나도 차가 움직이지 않는다.

창틈을 통해 고무 타는 냄새가 들어온다. 코를 막으며 옆자리로 옮겼다.

운전석에 운전사가 보이지 않는다. 창밖을 내다보니 길에 서 있다.

사람들이 일어나 상황을 살피기 시작한다. 한 승객이 내려 운전사와 이야기를 나눈다. 두 번째, 세 번째 승객이 차에서 내린다.

그때 같은 번호의 버스가 앞쪽으로 와서 섰다. 그것을 본 승객들은 일제히 벌떡 일어나 출구로 우르르 모여들었다. 나도 따라 내렸다.

모두 앞차 입구에 줄을 섰다. 앞차에는 이미 손님이 반 정도 차 있다. 맨 뒤에 줄을 서게 된 나는 뒷좌석에 앉았던 것을 후회했다.

옆에 서 있는 여자 운전사는 설명이나 사과는 할 생각도 않고, 초조한 표정을 지으며 먼 곳을 쳐다본다. 표정을 잔뜩 찌푸렸는데 고장 난 버스와 관련된 자신의 처지에 대해 걱정하는 듯하다. 승객의 안전이나 시간 지체에는 아무런 관심이 없어 보인다.

새로 온 운전사도 아무 말이 없다. 그는 고개도 안 돌리고 거울을 통해서만 승객을 쳐다본다. 배다른 자식을 쳐다보는 듯한 눈길이다.

승객들도 질문이나 불평을 하지 않는다. 버스의 어디가 이상인지 알려고도, 사과의 말을 요구하지도 않는다. 모두 재빨리 자리를 찾아 앉았다. 사람들은 자리를 차지한 안도의 한숨을 남몰래 내쉰다.

부릉부릉. 가속 페달을 밟는 소리가 난다.

사람들은 머리를 뒤로 기대고 눈을 감기 시작한다.

이제 눈치극이 끝났다.

아이들의 엄마, 아이들의 씨

'아줌마' 와 '아저씨'.

두 단어의 어원이 무엇인지는 모른다. 내 나름대로 아줌마는 '아이들의 엄마', 아저씨는 '아이들의 씨' 가 아닐까 추측해 본다. '아이들의 엄마' 와 '아이들의 씨' 를 빨리 발음하면 아줌마, 아저씨와 흡사하다. 아줌마는 아이를 낳고 키우는 사람이란 이미지가 강하지만, 아저씨의 '씨' 는 정자 제공자의 의미가 강하다.

우리 사회에서 아줌마에 대한 논의가 활발하다. 언제부터인가 아줌마는 결혼한 여자를 비하시키는 표현이 되었다. '아줌마' 라는 낱말은 짧은 파마머리와 펑퍼짐한 몸매, 반찬 냄새 밴 살갗과

칙칙한 얼굴, 극성스럽고 이기적이며, 남자의 시선도 아랑곳하지 않는 여자라는 이미지를 풍긴다.

나이가 많아도 미혼이거나, 결혼을 했어도 아이가 아직 없거나, 직업을 가진 기혼여성은 아줌마로 불리는 것을 꺼린다. 하긴 주부들도 아줌마로 불리기 싫어하는 것은 마찬가지다. 장사하는 사람들은 여성 고객의 이러한 마음을 알기에 절대 '아줌마' 라고 부르지 않는다. 아파트 공터에 일주일에 한 번씩 서는 알뜰장의 청년 상인들은 말끝마다 "네, 어머니" 하고 깍듯하게 붙여준다.

'어머니', '엄마' 라는 호칭은 친근하고 편안한 이미지를 주기 때문에 여자 입장에서는 남이라도 그렇게 불러주는 사람에게 호감이 느껴진다. 마치 자신의 어머니처럼 대접하겠다는 것 같기도 하다. 한 여자가 아줌마와 엄마, 둘 중 무엇으로 불리느냐에 따라 다른 느낌으로 다가오는 것이 신기하다. 우리의 이기주의적 시선은 잔인하다. 나의 엄마는 소중하지만, 다른 아이들의 엄마인 아줌마는 그렇지 않다.

'아저씨' 라는 말에서는 '아줌마' 와 달리 비하의 의미가 별로 느껴지지 않는다. 그렇지만, 상인들은 아저씨보다는 '사장님' 이라는 호칭을 더 많이 사용한다. 아저씨라고 부르면 남을 기분 좋게 만들 수 없기 때문이다. 아저씨의 이미지도 별로 신선하지는 않다. 외모 상으로는 배가 나오고, 이마가 벗겨지거나, 지친 표정의 남자가 떠올려진다.

행동적으로는 TV를 켜놓은 채 소파에서 잠든 남자, 한밤중 구겨진 양복 차림에 술 냄새 풍기며 비틀대는 남자, 입도 가리지 않고 이를 쑤시는 남자, 러닝셔츠 차림으로 밖에 나오는 남자, 남에게 한턱내지도 못하고 각자 내자는 말도 못하는 남자, 정력에 좋다는 것을 훤히 꿰뚫고 있는 남자, 노골적으로 여자의 몸매를 훑어보는 남자 정도다.

결혼 전에 남녀는 서로를 신비와 미지의 영역으로 인정하며 경외와 함께 바라보지만, 결혼 후에는 상대를 다 안다는 표정으로 쳐다본다. 아저씨와 아줌마들은 "별 여자 없어"나 "별 남자 없어"라는 말을 하며 다른 성에 대한 근본적인 비밀을 파악했다고 생각한다. 사실은 다른 성을 철저히 이해하지 못한 경우가 대부분이지만, 결혼해서 이성과 살아 보았다는 이유만으로 착각을 하고 있다.

작가 무라카미 류는 "남자는 소모품이다"라고 했다. 그러나 소모되지 않는 사람은 없다. 아저씨가 처자를 먹여 살리느라고 사회에서 뼈 빠지게 돈을 벌어야 하는 소모품이라면, 아줌마는 식구들 뒷바라지하느라 진액이 빠지는 부속품이 아닐까. 결국 세월의 때가 묻고 풍파에 시달려 외모가 바래고 닳았으며, 성품은 적당히 뻔뻔하고 무뎌진 남녀가 아저씨와 아줌마인 것이다.

아줌마와 아저씨는 바닷가의 자갈과 같다. 파도에 휩쓸리며 다른 돌들과 부딪히고 깎여 서로 비슷하게 둥글둥글해진 자갈들. 날카롭던 성격도, 남다른 개성도 서서히 동질화해 간다. 아줌마끼리는 낯선 사이일지라도 서로 말문이 트이면 하루 종일이라도 이야기를 이어갈 수 있다. 결혼생활에서 쌓인 이야기들은 아무리 풀어내도 끝이 없다. 아저씨들도 비슷할 것이다.

40대 후반의 아저씨들은 과로에, 아줌마들은 우울증에 시달리는 경우가 많다. 아저씨는 중압감에, 아줌마는 무력감에 사로잡혀 있는 것이다. 아이들이 성장하여 할 일이 줄어든 아줌마는 시름시름 시들어간다. 아저씨도 사회에서 은퇴하면 시들기 시작한다. 결혼생활의 전반부가 소모되는 시기라면, 후반부는 시드는 시기다.

아저씨와 아줌마가 가정을 이끌어가며 몸과 삶을 소모해 가는 동안 세월은 흘러 그들을 어느새 할아버지와 할머니로 만든다. 그때쯤이면 누군가 아저씨나 아줌마로 불러주면 오히려 기분이 좋아질까.

나이 들어도 시들기를 거부하고, 기꺼이 자신을 소모시키는 사람도 있다. 아줌마와 아저씨는 노년을 앞두고 다시 한 번 선택의 기로에 서게 된다. 소모될 것인가, 시들 것인가.

영웅이 되려면 부자가 되어라

현대의 영웅이 되려면 먼저 부자가 되어야 하는가.

얼마 전, 빌 게이츠는 2008년 은퇴하여 자선사업에 전념하겠다고 밝혔다. 그는 부자에 그치지 않고 영웅이 되려는 것 같다. 빌이 영웅이 될 만한 요소는 3가지로 추릴 수 있다. 첫째, 세계 최고의 부를 쌓았다. 둘째, 재산의 대부분을 자선용으로 내놓았다. 셋째, 자선의 대상을 인류 전체로 하고 있다. 셋 중 어느 하나도 보통사람은 하기 힘든 부분이다.

빌은 자신의 사업영역에 걸맞은 최첨단 기능을 갖춘 저택에서 산다. 그 집을 관리하는 인원만 몇 백 명이라고 한다. 돈으로 살 수 있는 모든 물질적 욕구를 이미 충족시킨 그로서는 넘쳐나는 돈이 자신을 질식시키기 전에 이를 거두어냄으로써 자신과 남을 동시에 살리는 윈윈전략을 택했다. 그리고 빌은 이제 돈을 잘 버는 일에서 벗어나 잘 쓰는 일에만 전념하겠다고 선언했다. 우리 시대 최고의 영웅이 탄생하는 순간이다.

며칠 후, 흥미로운 소식이 전해졌다. 세계 2위 부자인 워렌 버핏이 재산의 85%인 약 37조원을 빌이 만든 재단에 기부하겠다고 밝힌 것이다. 워렌은 재단주인인 빌보다도 많은 금액을 내는 셈이다. 사별한 부인이나 자식 명의의 재단이 있음에도 불구하고 굳이 빌의 재단을 택한 것은 25년 연하인 빌과의 친분을 고려한다 해도 의외의 결정이 아닐 수 없다.

워렌은 네브라스카 주 오마하에 있는 1958년에 산 집에서 1990년대 말의 자동차를 몰며 산다. 소비에 대한 유혹을 초월했다는 점에서 구세대다운 검약정신이 엿보인다. 그는 투자할 때도 우량기업 주식을 쌀 때 사서 장기간 보유하는 방법을 쓴다. 검약과 인내의 미덕이 그가 부자가 된 비결이다.

돈을 버는 방식에 있어서 빌은 미래를 추구하고, 워렌은 과거를 고집한다는 점이 대조적이다. 빌이 '컴퓨터의 천재' 로 불리는 반면, 워렌은 '오마하의 현인' 으로 불린다. 1등 천재 부자가 영웅이 되려 하자 2등 현인 부자는 자극을 받았던 것 같다.

워렌이 빌을 이길 수 있는 방법은 무엇이었을까. 자신의 돈을 빌에게 줌으로써 빌을 뛰어넘는 방법밖에는 없었을 것이다. 자신을 낮추는 전략으로 워렌은 빌을 능가하는 영웅이 되었다. 빌은 워렌이 고마우면서도 2등이 된 듯한 미묘한 감정을 느꼈는지도 모르겠다. 빌이 1등 탈환을 위한 어떤 기발한 계획을 가지고 있는지는 알 수 없지만, 현재로서는 천재에 대해 현인이 승리를 거둔 상태다.

정욕과 교만

가톨릭에서는 정욕, 탐식, 나태, 교만, 시기, 분노, 탐욕을 7대 죄악으로 규정하고 있다. 그중 남자는 정욕, 탐식, 나태, 분노, 교만, 시기, 탐욕 순으로, 여자는 교만, 시기, 분노, 정욕, 탐식, 탐욕, 나태 순으로 죄를 짓는다고 한다. 고해성사를 통한 이러한 통계로 보아 남자는 주로 육체적 죄를, 여자는 정신적 죄를 많이 저지르고 자각하는 것이다.

성적 만족을 얻고자 하고, 맛있는 것을 많이 먹고자 하며, 편안히 지내고 싶어 하는 남자들은 육체적 만족을 일차적으로 추구한다. 그만큼 동물적 본능을 더 갖춘 셈이다. 요즘엔 짝짓기 지능지수라는 것도 있다. 이는 상대의 마음을 읽어 짝짓기를 성공시키는 능력인데 정서적 지능이 발달해야 함은 물론이고, 상대와 자신을 속일 줄 아는 거짓말에도 능숙해야 하는 고도의 지능적 게임이다.

바람둥이들이 짝짓기 지능지수가 높은 것은 당연하다. 이들은 도덕관념이나 정직성, 타인에 대한 배려보다는 자신의 욕망을 우선한다. 도덕적 제약을 벗어난 이기적인 바람둥이들의 활약이 인류의 증가와 세상의 활성화에 얼마만큼 기여를 해 온 것인지는 알 수 없다. 미혼모의 자식이나 서자로 태어난 사람 중에도 위대한 인물이 많기 때문이다.

스웨덴 연구팀의 조사 결과로는 특정의 변이 유전자를 가진 사람이 바람둥이가 될 소지가 많다고 한다. 이 유전자는 바소프레신이라는 호르몬에 영향을 끼쳐 사회적 행동이나 짝짓기, 성적 유대감에 중요한 역할을 한다. 바소프레신 호르몬이 많은 쥐는 한 짝과 평생 해로하고 암컷이 죽은 뒤에도 수절했다는 동물 실험도 있었다. 바람둥이는 바소프레신 호르몬이 모자라는 사람으로 유전자의 요구에 휘둘리는 불쌍한 존재에 지나지 않는 것이다. 바람둥이는 욕망의 추구에 앞서 자신의 유전자의 명령에 새겨진 조상들의 뜻에 무턱대고 순종할 것인지 재고해야 할 필요가 있다.

여자들이 바람둥이의 수작에 휘말리는 이유는 아이가 바람둥이 유전자를 타고나면 자신의 유전자를 더 널리 퍼뜨릴 수 있기 때문이라는 생물학적 입장도 설득력이 있다. 그렇지만 끊임없이 다른 여자를 찾아나서는 변덕을 부리는 바람둥이의 유전자적 속성을 꼼꼼히 따져 보아야 한다.

남자의 동물적 욕망은 널리 알려진 것이라 새삼스러울 것이 없지만, 여자들이 교만으로 인한 죄의식을 가장 많이 느낀다고 하니 고개가 갸웃거려진다. 허풍 떨고, 자신을 과시하는 것은 남자들이라고 생각해 왔는데 정작 교만한 것은 여자들이란 말인가. 여자는 항상 겸손하고 양보하며 희생하는 것이 미덕이라고 교육된 사회에서 여자들이 과도하게 죄의식을 느끼는 것은 아닌가 하는 생각도 든다.

여자들이 같은 여자에게서 평등의식을 더 느끼는 것은 사실이다. 여자는 다른 여자가 돋보이는 것을 참지 못하는 경우가 많다. 여자는 남자의 우월성은 인정하지만, 다른 여자의 우월성을 인정하기는 꺼리는 것이다. 흔히 '여자의 적은 여자'라는 말을 많이 한다. 뛰어난 여자는 동등한 집단에서 이탈한 무례한 여자라고 은연 중 인식될 가능성이 있다.

여자는 공격할 대상으로 남자 대신 여자를 택하는 일도 흔하다.

드라마에서 보면 남편이 바람을 피울 경우, 아내는 먼저 남편을 다그치기보다는 상대 여자를 찾아가 난동을 부린다. 멀쩡히 잘 있는 남편을 유혹했다며 죄를 추궁하는 것이다. 그러나 여자가 남자를 유혹하는 경우보다는 남자가 먼저 접근하는 경우가 대부분이다. 상대 여자는 남자가 유부남인 것을 처음에 몰랐을 수도 있고, 유부남인 줄 알면서 적극적으로 다가가는 여자는 드물다. 여자들은 남자의 정욕의 속성을 속속들이 이해하지 못한다.

여자들은 어려서 한두 명의 친구와 인형놀이나 소꿉장난 같은 역할 놀이를 즐긴다. 승부와 상관이 없는 놀이를 함으로써 패배로 인한 스트레스를 받지 않고, 역할이 존중되어지는 데에 익숙하다. 대신 다른 여자를 존경하는 법을 익히지 못한다.

남자아이는 대여섯 명 혹은 그 이상의 친구들과 어울려 야구나 축구 같은 게임을 통해 명확한 승부를 짓고, 결과에 승복할 줄 알며, 뛰어난 친구를 리더로 세울 줄도 안다. 여자의 소극적 성향이 타고나는 것인지 아니면 양육의 결과인지는 논란의 대상이 되어왔다. 선천적인 면과 후천적인 면, 시대적 요인과 사회적 영향 모두가 다 합해져서 성의 성향을 결정짓는 것 같다.

주로 남자의 선택을 받는 입장인 여자는 마음에 드는 남자가 아니면 거절하는 교만을 부린다. 구애에 있어서의 수동성이 여자의 교만을 부추기는 것은 재미있는 현상이다. 기다리면 기회가 올 것이라는 동화적 상상의 영향력은 의외로 크다. 남자만 잘 만나면 인생이 역전될 수 있으므로 신데렐라는 희망이 있고, 자존심을 지킬 수 있다.

노력이 아닌 행운이라는 변수로 인해 여자는 다른 여자의 우월도 참기가 힘들다. 다른 여자의 우월도 행운에 의한 것일 가능성이 높기 때문이다. 여자의 사회적 활동의 범위가 좁은 것도 교만을 부추긴다. 우물 안 개구리일수록 저 잘난 맛에 산다. 남을 인정하는 대신 시기와 분노를 느끼는 것은 자기 파괴적이다.

여자의 가치 측정은 남자보다 다양한 면을 갖고 있다. 남자는 주로 지적, 경제적 능력이라는 단순한 기준에 의해 평가받지만, 여자는 외모, 재주, 성품 같은 추가적 요소가 다면적으로 평가된다. 그만큼 여자는 남자보다 자부심을 느낄 요소가 많다고 할 수 있다. 신데렐라 형 드라마가 인기를 끄는 것도 거의 모든 여자의 마음속에 나름의 자만이 숨겨져 있기 때문일까.

이브는 에덴동산에서 하나님과 같이 되어 선악을 알게 된다는 뱀의 꼬임에 빠져 선악과를 따먹었다. 이브는 신과 같아지려는 교만으로 인해 죄를 지었던 것이다. 그러고 보면 여자의 교만은 태초부터 잠재된 성향인 것 같다. 아담은 상대할 여자라고는 이브밖에 없어 헛된 정욕으로 인한 죄를 지을 환경이 아니었으니 다행이라고나 할까. 최초의 완전한 인간인 아담은 변이 유전자를 지니지 않았으므로 이브에게만 충실했어도 불만은 없었을 것이다.

청바지는 겸손한가

청바지는 겸손해 보인다. 간편하고 실용적이며 비권위적인 옷이기 때문이다. 고가의 청바지가 있기는 하지만, 청바지 자체의 속성이 변하지는 않는다. 청바지는 전 세계적으로 사랑을 받아, 현대의 대표적인 의상문화 현상 중 하나가 되었다. 복장의 세계화를 이룬 셈이다.

얼마 전, 애플 컴퓨터회사 사장인 스티브 잡스는 스탠포드대의 졸업식 축사 연설을 하는 자리에 청바지를 입고 나타났다. 학교 측은 그에게 검은 가운을 덧씌웠지만, 청바지 아랫부분과 샌들은 가릴 수 없었다.

그가 청바지를 입고 나온 이유는 무엇일까.

1. 대학의 권위에 도전하고 싶다.
2. 예의를 나타낼 생각이 없다.
3. 비난도 감수할 자신이 있다.
4. 평소와 다르게 보이기 싫다.
5. 옷에 신경 쓸 시간이 없다.
6. 나이를 초월하고 싶다.
7. 나는 남과 같지 않다.
8. 관심을 끌고 싶다.

여러 이유 중 몇 가지는 해당될 것이다. 그렇다면 그의 청바지는 자신감 혹은 오만의 극치를 드러낸다. 오만함에도 두 가지 종류가 있다. 특정한 사람에 대한 오만과 사회적 가치에 대한 오만이 그것이다. 그의 오만은 후자에 대한 오만으로 보인다.

옷은 많은 말을 한다. 어떤 사람의 안목과 취향, 성격과 경제관념을 비롯한 총체적 가치관을 표현한다. 청바지가 그동안 정장을 필요로 하는 자리에 금기를 깨는 파격으로 이용된 예는 더러 있었다. 1983년 독일의 녹색당 출신 의원들이 국회에 나오면서 단체로 청바지를 입은 적이 있다. 청바지를 입고 대학 졸업 축사를 한 사람이 스티브가 처음인지는 잘 알 수 없다. 그가 청바지 차림에 담은 의도가 어느 수준인지도 모른다. 다만 스티브 잡스는 금기를 확실히 깨기 위해 맨발에 샌들을 신고 나왔나 보다.

스티브 잡스는 미혼모에게서 태어나 가난한 가정에 입양되었다. 그는 학비 때문에 대학을 중퇴할 수밖에 없었다. 회사생활에서 우여곡절 끝의 재기와 희귀한 종류의 췌장암 수술을 겪고, 50대 중반의 스티브 잡스는 우뚝 서 있다. 그는 시한부 목숨에서 회복되어 죽음도 두려워하지 않는 사람이 된 것이다.

스티브의 청바지보다 오만한 청바지가 나타날까. 칼리 피오리나가 하버드대나 공직 취임 연단에 청바지와 슬리퍼 차림으로 나타난다면 어떨까.

청바지는 무엇보다 주인을 잘 만나야 한다. 콧대 높은 청바지는 아무나 되는 것이 아니다. 주인이 세상의 비난을 막아낼 만한 방패막이 자격이 없으면 청바지는 치욕의 복장이 될 수 있다. 주인의 연륜과 능력이 좌중을 압도할 수 있어야 한다.

스티브는 연설에서 말한다. “남의 인생을 살지 말라.”

스티브에게 정장은 남의 옷이었다. 그는 자신의 옷인 청바지를 입어야 했다. 환호의 박수를 받으며 그의 청바지는 멋지게 자존심을 지켰다.

평소에는 양복을 입는 사람이 공식적인 자리에 청바지를 입고 나온다면 그는 남의 옷을 걸친 것이다. 장소를 가리지 않은 청바지에 불순한 의도가 담긴 것으로 의심받기 쉽다.

칼리 피오리나는 평소 스티브만큼 청바지를 애용하지 않는 것 같다. 앞으로 스티브의 청바지를 이길 청바지가 나타나기는 힘든 것 같다.

그런데 스티브의 청바지 가격은 얼마일까.

제4장

앞으로 아이들은 커서

'무엇이 될까'에 앞서 '어디서 살까'를 먼저 결정해야 하지는 않을까.

떠돌이와 붙박이

책상 위 유리판 아래에 세계지도가 끼워져 있다.

태평양을 중심으로 둥근 원을 그리며 친구와 친척이 있는 곳을 짚어본다.

상해 : E는 두 아이를 데리고 상해로 떠난 지 3년이 넘었다. 화교였던 남편과 사별한 그녀는 아이들이 중국어와 영어를 더 잘할 수 있도록 그곳에 있는 국제학교에 아이를 보낸다. 그녀는 요즘 이모와 여동생이 있는 미국 오리건주의 포틀랜드를 드나들며 큰아이의 대학을 알아보고 있다.

시드니 : 친척 Y는 시드니에서 잠시 한국을 방문한 교포 의대생에게 길안내를 하다 결혼해 두 아들을 낳고 산다.

오클랜드 : 20년 전쯤 남편이 신학 공부를 한다고 해 교사직을 그만두고 뉴질랜드로 떠났던 K는 그곳에서 사모가 되었다. 아들은 재작년 한국에 와 공부하고 있고, 그녀는 세계 곳곳에서 남편이 초빙 설교를 할 때마다 동반한다.

몬테레이 : J는 올봄 멕시코에서 공장을 인수한 남편을 따라 가족과 함께 출국했다. 몇 년 정도 살다 올 예정이라지만 언제 올 지 알 수 없다.

앨버커키 : 미국 뉴멕시코 주의 앨버커키에는 호텔업을 하는 M이 산다. 토론토로 이민 갔던 그녀는 2년 전 미국으로 옮겨 왔다. 아들은 아직 캐나다에서 공부 중이다.

필라델피아 : 아들의 병을 고치기 위해 10여 년 전 미국에 갔던 P는 지금도 딸과 그곳에 살고 있다. 서울에서 일을 하는 남편은 일 년에 몇 차례 가족을 방문한다.

LA : 지사 근무 발령을 받은 남편을 따라 S는 올해 초 딸과 출국했다. 5년 넘게 영국에서 생활하다 귀국한 지 3년 정도밖에 안 되었는데 다시 나가게 되었다. 작년에 영국에서 온 아들은 홀로 남아 한국에서 대학을 다닌다.

이 외에도 미국에 거주한 지 몇 십 년째인 이모와 고모, 삼촌이 있다. 그러고 보니 해외에 거주하는 친지들이 많은 편이다. 이민자와 일시 체류자를 합하면 천만 명 가량의 한국인이 해외에 거주한다니 당연한 일이다. 근래에는 여행과 유학, 이민과 직업 상 해외로 나가는 인구가 급격히 증가하고 있다.

요즘은 디아스포라, 코스모폴리탄, 호모 노마드 같은 용어가 낯설지 않다. 지구 대부분의 땅 어디든 갈 수 있는 시대다. 거주문화에 대혁명이 일어난 것이다. 옛날부터 유목민이나 방랑자가 없었던 것은 아니지만, 현대처럼 자발적으로 더 나은 곳, 색다른 곳을 향해 대대적으로 인간이 이동한 적은 없었다. 오늘날 5억 명 이상이 이민자, 망명객, 이주 노동자이며 매년 10억 명 이상이 여행한다고 한다.

현대판 유목민이 늘수록 국가들은 긴장할 수밖에 없다. 더 좋은 생활 여건을 갖추지 않는다면 사람들이 계속 빠져나갈 것이 분명하기 때문이다. 국가 간 무한 경쟁의 시대가 도래한 셈이다. 두바이는 사막에서 미래지향적 국가로 거듭나 각국 사람들을 자석처럼 빨아들이고 있다. 우리나라는 교육문제 때문에 타국으로 탈출하는 노마드를 양산하고 있다.

반면, 한국에서 일하는 이주노동자와 시집오는 외국 여성도 늘고 있다. 단일민족을 강조하던 한국은 UN의 충고를 듣기도 했다. 인종의 혼합을 용납하고 수용하지 않으면 국제사회에서 왕따가 될 상황이다.

인터넷으로 세계적인 정보수집이 가능해지고, 경제적인 여유가 생김에 따라 이동은 점점 더 가속화될 것이다. 프랑스의 사회학자 자크 아탈리는 '21세기는 디지털 장비로 무장하고 지구를 떠도는 디지털 노마드의 시대'라고 규정했다. 컴퓨터와 휴대폰, 카메라 같은 디지털 용품 몇 개만 있으면 어디에서 일하든 상관없는 직종이 증가하고 있는 현실이다. 인터넷상으로만 소통하고 실생활과는 단절된 칩거증후군을 보이는 코쿤족도 현대인의 단면이기는 하다.

디지털 용품 때문에 사람들은 떨어져 지내는 것도 별로 두려워하지 않는다. 어떤 젊은 연인들은 남자가 영국으로 유학을 간 뒤 아침과 저녁 두 차례 화상 채팅을 하며 사랑을 유지한다. 기러기 아빠도 아이들과 매일 접속할 수 있어 옛날만큼 소외감을 느끼지 않는다. 이러한 디지털 용품이 제공하는 편리함이 헤어짐을 부추기는 것은 아닌가 하는 생각도 든다. 디지털 세대인 젊은이들만 유목민이 되는 것은 아니다. 요새는 은퇴한 노인도 싼 물가나 안락한 생활을 찾아 동남아 등지로 이민을 떠난다. 연변으로

가는 사람도 증가 추세라고 한다.

유목민의 특성은 존재를 객관적으로 응시한다는 점이다. 스스로의 가치조차 객관적으로 바라봄으로써 대부분의 절대적 가치는 빛을 잃는다. 유목민에게 미래는 불확실한 것이기에 그들은 현재의 즐거움을 추구한다. 유목민과 정착민의 세계관은 다를 수밖에 없다. 과거에 유목민에 대한 인식은 부정적이었다. 통치자들도 기존의 가치를 허물어뜨릴 위험이 있는 방랑자들을 경계했다. 다른 나라와의 교류를 금지했던 이유도 문화와 정보의 소통에 따른 체제 위협 때문이었다. 요즘도 간혹 이민자를 '조국을 버리고 떠난 배신자' 라고 보는 시각이 존재한다. 일부 정착민은 떠날 용기와 능력이 없는 스스로를 탓하기보다는 유목민을 매도함으로써 감정을 해소한다. 그러나 정착민과 유목민은 상호 보완적인 관계다. 정착민과 유목민의 처지가 언제 뒤바뀔지도 알 수 없다.

붙박이의 안정된 생활 뒤에는 권태가, 떠돌이의 자유 아래에는 불안이 숨겨져 있다. 정착을 좋아하는 인간도 있고, 유목을 원하는 인간도 있다. 그런가 하면 안정과 자유를 동시에 추구하는 사람도 있다. 이동형과 정착형을 혼합한 신인류를 일컫는 '트랜스휴먼' 이라는 말도 생겼다. 현대인의 거주 양상은 다양해졌지만,

선택의 폭이 넓으면 그만큼 고민거리도 늘어난다. 앞으로 아이들은 커서 '무엇이 될까' 에 앞서 '어디서 살까' 를 먼저 결정해야 하지는 않을까.

삿포로에서의 맥주 한 잔

언니,

이번 여름은 비가 줄기차게 내려요.

가끔은 차라리 언니가 사는 사막의 햇살을 부러워하지요.

어쩌다 해가 나면 세탁기부터 돌려야 해요. 여행에서 돌아와 쌓인 빨래들을 며칠에 걸쳐 간신히 해결했답니다.

북해도는 잘 다녀왔어요.

대부분의 표기가 일본어로만 되어 있는데, 사람이나 환경이 비슷해서 잊고 있다가도 언어에 이르러 그곳이 타국임을 절감했지요.

마을은 이야기 듣던 대로 곳곳이 깨끗하고 잘 정돈되어 있었어요. 흡사 일본인의 태도를 풍경에서 읽는 듯했지요. 남보다 더 눈에 띄려고, 목청껏 아우성치는 것 같은 현란한 간판들이 없어서 거리가 더 얌전하게 느껴졌나 봐요.

친절과 예의는 단지 그들의 국민성일까요. 앞선 문물을 일찍 받아들인 탓에 사람들의 의식도 앞서간 것일까요. 일본의 소나무는 아주 곧게 일률적으로 뻗어 있더군요. 아랫부분부터 휘어져 제각기 용틀임하는 한국의 소나무와는 달랐지요. 흔히 한국인은 집단 속에서보다 개인으로 있을 때 강하고, 일본은 그 반대라고 하지요. 한국인의 개성과 일본인의 순응이 소나무에서 나타납니다. 일정한 대지에서 일어나는 기운의 조화가 오묘하네요.

옛 항구도시 오타루는 운하를 따라 늘어선 창고를 외관은 살리고 내부를 식당과 상점, 박물관으로 개조했어요. 과자점에서는 비스킷이나 카스테라, 초콜릿을 시식용으로 내놓았고, 각종 아기자기한 장식품과 그릇은 여자의 눈길을 사로잡았지요. 하지만 아무것도 사지는 않고 눈요기로 만족했지요. 점점 무엇을 산다는 것이 짐스럽게 여겨지네요. 태엽을 감으면 음악이 나오는 보석함도 욕심나지 않고, 고소한 과자도 한 입 먹어 본 것으로 만족감이 드네요. 마음만 먹으면 한국에서도 얼마든지 구할 수 있기 때문인지도 모르겠어요.

예전에는 엔화 가치가 높아서 한국 사람들이 가면 돈쓰기가 두려웠다는데 이제는 물건 값이 비슷했어요. 우리도 그만큼 잘 살아진 것일까요. 거리에 다니는 자동차들은 거의 소형차였어요. 이곳이 소도시이기 때문만은 아닐 거예요. 대부분의 사람들이 자동차를 실용의 목적으로 선택하고 있는 것 같아요. 대신 집은 아파트가 별로 없고 서양식 2층 주택이 많더군요. 지진 때문에 나무로 짓기 때문에 일본인들은 화재를 아주 무서워한대요.

북해도의 넓이만 해도 남한의 80%가 넘고, 차창 밖으로 펼쳐지는 밀림 속에는 아직도 곰이 살고 있대요. 그 땅과 나무, 동물이 부러웠어요. 하지만 그들은 지진과 화산이 별로 없는 이 좁은 땅을 부러워할지도 모르겠네요.

삿포로에서는 맥주 박물관 견학을 했어요. 그곳에서 생산되는 네 가지 종류의 맥주 중에서 하나를 골라 한 컵씩 시음을 했는데 신선하고 부드러운 맛이었어요. 삿포로에서만 파는 맥주라니 아쉽더군요. 공원에서는 맥주 축제도 열리고 있었어요. 각 맥주회사 가게가 임시로 차려지고 안주도 팔았어요. 어스름한 저녁, 기모노를 차려입고 친구와 맥주를 마시는 젊은 여성들이 눈에 띄더군요. 친구와 마주앉아 솔직한 한때를 보내는 모습이 어찌나 행복해 보이던지요. 왜 여행 중엔 삶의 행복이 더 잘 보일까요. 여행은 앞으로 나아가는 것이 아니라 뒤로 물러나는 것인가 봅니다. 관찰자의 시선은 너그럽기만 하네요.

일 년 중 6개월은 눈이 내린다는 이곳에서 설경을 바라다보며 맥주를 마시면 환상적일 거예요. 일본사람들을 대상으로 한 조사에서 삿포로는 살고 싶은 도시 1위에 올라 있대요. 깨끗한 공기에 멋진 설경, 맛있는 맥주까지 있으니 그럴 만도 하지요.

원주민인 아이누 마을도 방문했어요. '아이누' 는 '사람' 이란 뜻이고, 그들도 아이가 3살이 될 때까지 이름을 짓지 않고 '큰 똥', '작은 똥' 하는 식으로 불렀대요. 우리가 아이를 '개똥이' 라고 불렀듯이 말이에요. 아이를 천하게 부름으로써 보호하고자 하는 공통된 마음이 읽혀졌지요. 여자들은 20세까지 순차로 손등과 입술 주위에 문신을 했대요. 문신이 완성되면 결혼이 가능했고요. 입술 주위에 입술보다 더 큰 모양의 시커먼 문신을 한 사진을 보니 섬뜩하더군요. 왜 그들은 여자에게만 문신을 강요했을까요. 고통을 강요함으로써 인내를 터득하게 한 것일까요. 손등은 그렇다 치고 입 주위에 문신을 한 것은 모든 여자의 외모를 동등하게 함으로써 분란의 소지를 미연에 방지하고자 한 것이었을까요. 산 속에 사는 순수 원주민들도 이제는 문신을 하지 않는다니 다행입니다.

그들이 청혼하는 방식도 흥미롭더군요. 남자가 여자 집에 청혼하러 오면 남자는 밥 한 그릇을 받아 반만 먹고 여자에게 준대요. 여자가 나머지 밥을 먹으면 결혼을 승낙하는 것이고 안 먹으면 거절의 의미래요. 부부는 한솥밥을 먹는 사람이란 의미겠지요. 그래도 남자가 먹던 밥을 먹어야 하는 데서 남존여비사상이 엿보이네요.

집안에 모닥불을 피워놓고 천정에는 연어를 매달아 훈제시키는 모습도 재현해 놓았더군요. 집 앞의 강에서 잡은 큼지막한 연어가 먹음직스러웠어요. 남자들이 사냥이나 낚시를 하는 동안 여자들은 아이들 돌보고, 농사짓고, 옷을 지었겠지요. 그들의 복장을 장식한 무늬는 자신의 부족을 상징했다는데 사슴뿔과 비슷했어요. 아침에 일어나면 눈코 뜰 새 없이 바빴을 여인들의 모습이 머릿속에 그려졌답니다. 삶이란 그런 것이려니 하고, 흐르는 강물처럼 하루하루를 보냈을 여인들의 일상이요.

노보리베츠라는 온천지대의 호텔에서는 많은 사람들이 유카타를 입고 다녀서 이상했어요. 잠옷 겸 실내복으로 각 방에 비치된 유카타를 입고 식당에도 거리에도 다니는 것은 일본만의 풍습인 것 같아요. 나도 한 번 그래 볼까 싶었지만 용기가 안 났답니다.

대부분 상점에는 고양이 인형이 놓여 있는데 오른손을 들고 있는 고양이는 돈을 부르고, 왼손을 든 고양이는 사람을 모으며, 양손을 든 고양이는 욕심쟁이라네요. 한국이라면 화끈하게 양손 든 고양이를 가게에 놓을 것 같은데, 일본 사람들은 남의 시선을 의식해서인지 한쪽 손만 든 고양이가 대부분이네요. 여기서 고양이는 복을 부르는 동물로 인식되고 고양이를 모신 신사가 전국에 70개 정도나 된다고 해요. 하긴 인형을 모신 신사도 있다고 하니 고양이 신사는 아무것도 아니겠죠.

첨단 기술력을 자랑하는 나라가 아직도 전통적 다신교에 사로잡혀 있는 것은 이해하기 어려운 부분이에요. 일본에서 유망직종 중 하나는 사이비 교주라고 하더군요. 그만큼 그들은 무언가 믿기는 좋아하지만, 한 곳에 마음을 다 주지는 않나 봐요. 그들의 국민성대로 조심조심하면서 여기 조금, 저기 조금 하는 식으로 믿음을 나눠주는 것 같아요. 모든 이에게 친절하듯이, 그들은 모든 신령에게도 친절하네요.

며칠간이나마 엿보고 나니 일본에 대한 호기심이 더 생기네요. 하나를 알면 더 알고 싶은 것이 사람 마음이니까요. 낯선 땅은 삶을 자극하는 촉매제가 되지요. 일상에서 벽에 부딪칠 때마다

가방을 싸고 싶어지는 것도 그런 이유 때문이겠지요.

언니는 '사막에서 유배생활 중' 이라고 했죠. 타국에서의 삶은 언제나 유목민의 심정에서 벗어나기가 쉽지 않을 거예요. 언니, 그곳에서 사는 것이 아니라, 여행 중이라고 생각하면 어떨까요. 그러면 훨씬 견디기 쉬울 거예요. 언니가 있는 곳도 '삿포로' 예요. '삿포로' 는 아이누 말로 '건조하고 크다' 라는 뜻이거든요. 언니, 목이 마르면 맥주 한 잔, 어때요. 여행자의 갈증을 적셔줄 오아시스 대신으로요. 오늘 저녁, 저도 몇 모금 마시렵니다.

물가의 세 도시

"사람을 젊게 만드는 두 가지는 사랑과 여행이다"라고 누군가 말했다지요.

호감 가는 이성을 알아가는 것과 낯선 장소를 구경하는 것, 둘 다 설렘과 호기심을 일으켜 사람을 생기 넘치게 만드나 봅니다. 젊어지기 위해 자주 사랑에 빠지면 인생이 복잡해지니 여행이나 하렵니다.

겨울이 여행하기에 좋은 계절은 아니지만 언제부터인가 중국을 보고 싶다는 생각이 들었습니다. 중국은 무엇보다도 무협지의 무대로 떠올려지는 곳입니다. 중, 고교 시절 공부에 대한 억압을 해소하는 유일한 낙은 무협지 읽기였습니다. 부모를 원수에게 잃고 무술을 배운 다음, 복수를 위해 주유천하하는 주인공이 다니는 곳의 지명이 아직도 익숙합니다. 한과 고독을 품은 주인공이 옮기는 발길을 따라 상상의 답사를 해 보지 않은 장소가 거의 없을 정도지요.

서울보다 따뜻할 것이라는 이유로 상해 쪽을 골랐습니다.

공항에서 내리니 비가 내리고 있었어요. 우산을 꺼내 들고 명소로 이름난 거리를 걷고, 황포강 유람선을 탔지요. 관광객이 날씨를 가릴 처지는 아니잖아요. 상해의 건물을 보니 역시 서구와의 교류 역사가 깊은 곳이란 느낌이 들었어요. 공공건물뿐 아니라 오래된 아파트 건물들도 서양식 멋을 부려 지어졌더군요. 아편전쟁 후 강제로 개방되어 약 100년간 영국, 미국, 프랑스, 일본의 영향력 아래에서 치외법권 지역으로 지내왔으니 상해가 혼합문화적 성격을 띠는 것은 당연하겠지요.

밤에는 서커스도 보았어요. 의자를 열 개 이상 쌓아 그 위에 또 하나의 의자를 비스듬히 세워놓고 꼭대기에서 물구나무를 서는 여자의 아슬아슬한 동작도 있었고, 여자아이가 몸을 뒤로 동그랗게 구부려 발을 얼굴 가까이 가져가기도 했지요. 그러나 묘기보다도 단원들의 시커먼 버선 바닥에 자꾸만 시선이 갔습니다. 그들의 현란한 기술과 아름다운 의상, 무대장치도 버선 바닥 때문에 빛을 잃는 것 같았어요. 무대 위를 청소하지 않았나, 버선을 며칠 동안 갈아 신지 않았나, 오늘도 연습을 저렇게 많이 했나, 온갖 생각이 머릿속을 어지럽혔지요. 멋진 남자의 손톱 밑에 낀 때를 보고 정이 떨어졌다는 어느 여자의 고백이 떠올랐습니다. 인간이란 참 하찮은 것에 반하기도 하고, 실망하기도 하는 이상한 존재죠.

다음날 일어나니 시내가 온통 눈으로 덮여 있더군요. 길이 미끄러워 원래의 행선지인 소주 대신 서당으로 향해야 했죠. 도착해서 먼저 식당으로 들어갔습니다. 조그맣고 허술한 식당이었는데 주인은 갑자기 닥친 이십여 명의 사람을 대접하느라 분주해졌습니다. 종업원이 어디선가 야채를 한 보따리 사 오기도 했지요. 엄지손가락보다 약간 큰 생선을 튀긴 것과 삶은 다슬기가 나왔을 때, 자연적으로 자란 소박한 먹거리를 접해 본 적이 참 오래되었다는 것을 알았지요. 이쑤시개로 다슬기를 열심히 파도 속은 잘 나오지 않았지만 오랜만에 물가의 동심으로 돌아갔습니다.

베니스에서 유럽식 낭만의 절정을 보았다면, 서당에서도 그에 못지않은 동양적 운치가 느껴졌습니다. 서당의 운하는 춘추전국시대 때 오자서가 만들었으며, 건물들은 명, 청 시대에 지어졌다고 합니다. 천 년의 역사를 간직한 도시에는 눈발이 흩날렸지요.

지붕에 쌓인 하얀 눈이 고색창연한 잿빛 건물과 운하에 걸쳐 있는 다리들, 수로 쪽으로 내걸린 홍등과 어우러져 있었습니다. 냇물 밑에 가라앉은 고운 흙이 발걸음에 휘저어져 물을 부옇게 만들 듯, 가슴속에 쌓여 있던 미세한 감각들이 설경에 자극받아 피어 올라왔습니다. 기쁨, 회상, 애련, 무상 그리고 감사. 오늘 조금은 젊어진 듯합니다.

건물과 건물 사이에는 폭이 1미터도 안 되는 좁은 골목도 있었고, 수로 옆의 가게에는 뭔지 모를 음식들이 놓여 있었지요. 거리에는 은은히 가스 냄새가 감돌았는데 한구석을 보니 연탄재가 부서져 있는 것이 보였어요. 그 옆의 화로를 들여다보니 연탄 크기가 우리 것의 반 정도 되어 보이더군요. 마을 전체가 아직도 연탄을 사용하는데 가게 안에는 저마다 노트북 컴퓨터가 켜져 있었어요. 그 마을에서 가장 어색한 물건인 컴퓨터가 화면에서 내뿜는 빛이 어찌나 선명하던지요. 젊은이들은 그 조그마한 미래의 창문 속을 들여다보고 있었어요. 우리는 기나긴 과거의 액자 안을 엿보고 있는 중이었는데 말입니다.

칼을 찬 무사가 휙 휙 건너뛰며 다니면 어울릴 거리를 영화 미션 임파서블 3편에서는 총을 찬 톰 크루즈가 아내를 구하러 이집 저집 기웃거렸지요. 이 영화 때문에 서당은 세계적인 홍보를 할 수 있었지요. 톰 크루즈 사진이 마을의 한편에서 사람들을 반기더군요. 왠지 톰 크루즈의 초대 덕분에 서당을 구경한 듯한 기분마저 들었지요.

송나라의 수도였던 항주는 중국인들이 가장 살고 싶어 하는 도시답더군요. 구석구석에 정성스러운 손길이 닿아 있는 세련된 곳이었어요. 서시와 소동파, 장개석 등 유명인들이 즐겼던 서호에서 유람선을 타고 은세계를 즐겼지요. 호수는 특별할 것이 없었지만, 눈 덕분에 흐릿하고 환상적인 분위기에 잠길 수 있었어요. 고요하고 맑게 빛나는 숲과 호수는 머리에 흰 베일을 쓰고 기도 중인 듯 숙연했습니다.

송성가무쇼는 항주의 역사에 얽힌 이야기를 보여주는 쇼인데 끝날 무렵 일본 춤에 이어 한국의 장구춤과 농악 공연이 펼쳐졌어요. 장내를 가득 메운 한국 관광객들이 환호하며 박수를 보냈지요. 마지막에는 온통 금빛으로 장식한 중국의 무희들이 나왔지요. '중화'라는 단어가 저절로 떠오를 정도로 뽐내는 그들의 표정과 동작이 휘황한 옷과 어우러져 두려움을 주었어요. 잔잔한 감동이 아닌 압도적 위용을 추구하는 것은 대국의 특성일까요.

'황후화'라는 중국영화에서도 황족의 금빛 찬란한 옷과 궁전에 놀랐었지요. 황궁 앞을 가득 메운 노란 국화 화분들이 파괴되었을 때 그것을 복구하던 사람들의 무리에는 기가 질릴 정도였어요. 인해전술의 악몽이 떠올랐지요. 셀 수도 없는 사람을 품고 있는 거대한 나라. 그 대륙의 한쪽 끝에 매달린 조그맣고 고립된 나라, 우리나라가 생각났어요. 순진한 어린아이를 바라보는 심정이 되더군요. 이제 중국에게 가르쳐 줄 것도 가진 나라가 되기는 했지만 불안감을 그치기 힘들었어요. 상해의 호구공원에서 일제의 관리들에게 폭탄을 던진 후 십자가에 묶여 처형당한 윤봉길 의사의 심정이 투명하게 들여다보였지요. 열강에 둘러싸인 우리나라는 그에게 살신성인의 부성애를 발휘하게 할 만큼 애틋한 존재로 비쳤을 것입니다. 평화의 시대에는 작은 나라의 민첩성이 장점이 될 수도 있을 거라고 스스로 위안하며 극장을 나왔어요.

중국에 사는 조선족도 한국 때문에 먹고 산다는 말을 듣고 기분이 약간 나아지기는 했지요. 가이드는 31세의 조선족인데 그는 자신의 인생을 들려주었어요. 그는 연변에서 살다 남방으로 와서 한식 음식점을 해서 꽤 돈을 벌었는데 헤프게 쓰고 겨울에는 장사가 안 되어서 그만두었답니다. 부모님께 타낸 돈으로 그는 배 안의 컨테이너 박스에 숨어 미국으로 밀항을 했어요. 한 달 이상 몇 십 명의 남녀가 용변도 그 안에서 해결하고 밤에만 한 시간 정도 밖에 나와 공기를 쐬었대요. 그는 미국에 도착해 차를 타고 텍사스의 어딘가를 가다가 앞차가 고장나 멈춰야 했지요. 차 사고를 구경하느라 서 있다가 도착한 경찰을 보고 달아나다 잡혔고, 밀입국이 발각되어 2주 정도 구금을 당한 후 추방되었어요. 대학 입학도 가이드 자격도 돈 주고 샀다는 솔직한 고백과 이를 모두 드러내며 웃는 모습에 사람들은 그의 어색한 발음도 참아냈지요. 어수룩해 보였지만 나름대로 자신의 일당을 챙기는 데는 수완이 보통이 아니었답니다.

상해로 돌아와 다음날, 예원이라는 정원을 구경했지요. 명나라 반윤단이라는 관리가 아버지를 위해 18년간 건설했다고 하네요. 고급문화는 부자의 사치에서 꽃핀다는 말이 틀리지 않더군요. 예원의 주인은 가족을 위해 정원을 지었지만 지금은 중국의 관광자원이 되었으니 말입니다. 각 식구들을 위한 정자가 따로 있고, 가족과 하인들을 위한 공연장도 있었어요. 용이 꿈틀대는 담장 지붕도 있었는데 황제가 되려한다는 의심을 받고는 용의 발톱 수를 황제의 용보다 한 개 적게 했다는군요. 당시에는 시기어린 시선을 받았을 정원이지만 지금은 찬탄의 눈길을 받고 있네요. 누군가 사치를 부릴 능력이 된다면 그 사치의 증거를 되도록 크게 남길 수 있도록 용납하는 것이 후대를 위한 공헌이 될지도 모를 일입니다.

비행기가 상해 상공을 벗어나자마자 하늘은 푸르고 밝았습니다. 시공을 옮겨갈 마음의 준비가 덜 되었는데도 비행기는 잔인하게 속도를 높였습니다.

며칠 뒤, 신문에는 중국의 남동부 일대가 3주 동안 계속된 60여 년만의 폭설과 강추위로 '준 국가 비상사태 상황' 이라는 기사가 났네요. 생생하게 느껴지는 기사였지요. 시계를 보다가 이상해서 생각해보니 아직 상해 시간에 맞춰져 있었어요. 한 시간 빠르게 다시 맞추며 여행의 흔적을 확인했지요. 여행에서 돌아오면 시차 외에 공차를 되새김하는 것도 여행을 오래 즐기는 한 방법입니다. 문득 잠에서 깨어, 창밖을 바라보다, 음식을 준비하다, 세면도구를 집어 들다 여행지와 집의 공간 차이를 의식합니다. 새롭게 각인된 영상이 희미해지기 전에 이곳에서 그곳을 음미하려 합니다. 상해와 항주, 서당은 모두 물과 가까이 있는 도시지요. 물가의 마을에 그토록 매료되는 이유는 바닷가를 고향으로 둔 탓일까요.

출렁출렁, 감미로운 리듬이 시작됩니다.

타향에 대한 그리움

어느 저녁, 지하철 매표소 부근에서였다.

갑자기 가슴이 서늘해졌다.

저 먼 데서 바람이 온몸을 휘감으며 다가왔다.

남미의 인디오 복장을 한 악사 네 명이 연주를 하고 있었다.

발걸음을 멈추고 빙 둘러선 사람들 틈에 섰다.

내 넋은 순식간에 어딘지 고적한 산으로 향한다.

악사들은 30분 정도 연주하고 쉬는 시간을 가졌다.

한 옆에서 그들의 CD를 팔고 있다.

CD를 사고 설명서를 읽었다.

그들은 에콰도르에서 온 안데스 민속음악 그룹이었다.

친척으로 구성된 그들이 사용하는 악기는 단소와 기타, 북을 닮았다.

야마 발톱을 모아 엮은 착차스를 흔들면 시냇물 소리가 들린다.

바람소리는 삼뽀냐라고 하는 팬플루트 비슷한 악기에서 나온다.

표지 그림에 독수리가 삼뽀냐를 잡은 채 날아가고 있다.

독수리의 비행처럼 유연한 소리가 다시 퍼지기 시작한다.

어느 우아한 중년 여인이 가운데로 나가 선율에 젖은 춤을 춘다.

방향을 정한 나의 영혼은 안데스를 누비며 나래를 펼친다.

그 이후, 허리가 아프기 시작했다.

침을 맞고 약을 먹어도 쉽게 나아지지 않는다.

누워서 안데스 음악을 듣는 시간이 늘어간다.

산소를 마신 세포들이 일어나 어서 떠나자고 재촉을 한다.

현실이 허리를 몇 겹으로 동여매고 있다.

멕시코 화가 프리다 칼로의 삶을 그린 비디오를 빌려왔다.

일생의 많은 시간을 치료를 위해 누워 지내야 했던 그녀.

그녀는 화폭 안에서 현실과 똑바로 마주 섰다.

고통스러운 자화상에서 처절한 그리움이 묻어난다.

화면 속의 부겐빌레아도 그만큼 선명하다.

4년 동안 멕시코에서 살 때의 친구 집으로 국제전화를 했다.
자주 소식 보내주지 않는 그녀가 원망스럽다.
아들이 전화를 받았는데 엄마는 외출 중이라고 한다.
아이의 목소리는 어느덧 청년티를 낸다.

얼마 전 시장에서 우연히 멕시코에서 한 동네에 살던 이를 만났다.
우리는 십여 년 만에 다시 가까운 거리에 살고 있었다.
그 집을 방문하겠다고 전화를 했다.
집안에 들어서니 멕시코 물건들이 가득 차 있다.
오닉스로 만든 가구와 장식품, 일요 시장의 그림이 옛 친구만큼 반갑다.

때로는 타향이 그립다.
현재에서, 여기에서, 나에게서 벗어나고 싶을 때는 더욱 그렇다.
그리움이기보다는 현실도피 욕구가 빚어낸 환상인 것일까.
멕시코시티의 분주한 거리와 사람들의 익살 섞인 미소,

마리아치의 흥겨운 연주와 살사 곁들인 타코,

들판 위의 선인장들과 해변가 밀림의 바람.

추억 속 장면들이 삼뽀냐 소리에 이끌려 나온다.

청신한 숨결이 기억 위의 먼지를 날려 보낸다.

배회하는 자아를 유혹하는 사이렌에 휘말려 들었다.

홀가분한 처지라면 당장 비행기 표를 샀을 것이다.

이번이 처음 겪는 일은 아니다.

결혼 전, 프랑스에서 귀국했을 때도 그랬다.

다시 갈 수 없다는 절망감은 실연보다 더 고통스러웠다.

변덕스러운 인간과 달리 장소는 언제나 나를 반긴다.

아니, 나를 반긴다고 착각을 해도 짝사랑을 해도 상처받을 염려는 없다.

사람에 대한 불신이 장소에 대한 집착으로 나타나는 것일까.

타향은 낯선 곳, 다른 곳이다.

모르는 사람들이 있는 곳, 나를 모르는 곳이다.

내가 달라질 수 있는 곳이다.

타향이 그리움 속에서 이상향이 되어간다.

나는 타향이 그리운 것일까, 이상향을 그리는 것일까.

한 달이 지나도록 허리병이 완치되지 않는다.

"몇 번이나 더 침을 맞아야 될까요?" 의사에게 물었다.

"글쎄요. 모르지요."

그는 모르는 것이 당연하다.

누워서 타향 꾸미기를 계속한다.

그곳은 점점 더 완벽해진다.

요즘 좀 힘들었나 보다.

체하지 않았던 체에게

체, 당신이 볼리비아 정글에서 정부군에게 잡혀 처형된 지 40년이 되어갑니다. 39년간의 치열한 생을 살았던 당신을 사람들은 아직 잊지 않고 있습니다. 당신은 평생 천식과 싸우는 와중에도 혁명을 위해 몸을 바쳤습니다. 남을 위한 희생을 통해 당신은 병마와의 외로운 투쟁을 잊어 보려고 한 것인가요? 마지막 순간, 어느 군인이 당신을 향해 총을 겨누었을 때도 당신은 초연했지요. 언제라도 이런 순간을 맞을 준비가 되어 있었다는 듯이 말이에요. 총살 뒤에 찍은 당신의 사진 속 표정은 그동안의 긴장에서 벗어난 안

식을 보여주는 것 같았어요. 만족스러운 그 표정은 후회 없는 삶을 살았다는 자신감에서 번져 나온 것이겠지요.

당신은 친구의 형인 알베르토 그라나다와 23세 때인 1951년 12월, 아르헨티나를 떠나 8개월간의 남미 5개국 여행을 시작했지요. '이봐, 자네' 를 뜻하는 '체' 로 불린 당신, 에르네스토 게바라는 이 여행에 대한 기록을 남겼지요.

당신들은 오토바이를 타고 떠났지만, 칠레 산티아고에 이르렀을 때 오토바이는 고장이 났지요. 나머지 5개월 동안 당신들은 뗏목이나 배, 비행기를 타기도 했지만 대부분은 히치하이킹으로 트럭을 얻어 타며 목적지로 이동했더군요.

저도 트럭을 히치하이킹했던 적이 있습니다. 1984년 프랑스 낭트에서 어학연수 중, 북쪽 도시에 놀러갔다가 기숙사로 돌아오는 네 시간 정도의 거리를 친구와 함께 히치하이킹해 보기로 했었지요. 어두워지기 시작하는 저녁, 큰길가에 서서 엄지를 내보인지 한참이 지나도 앞에 와서 서는 차가 없었습니다. 난감한 상황에 지쳐갈 무렵, 트럭 한 대가 다가왔지만 막상 마음은 트럭의 몸체만큼이나 무거워지기 시작했습니다. 트럭 운전사에 대한 선입견 때문에 도망쳐야 하는지 망설여지기도 했지요. 그러나 그가 창문을 열고 목적지를 물은 다음 타라고 했을 때 우리는 이 기회를 놓치면 오늘 밤까지 기숙사로 돌아가지 못하리라는 것을 예감해야만 했습니다. 새로운 경험과 젊은 시절의 추억을 위해 감행했던 히치하이킹은 낭만과는 거리가 먼 공포에 가까웠습니다. 다행히 운전사는 평범한 사람이었고, 그가 잠시 어딘가에 들러 짐을 내려놓을 땐 우리도 일을 도왔지요. 트럭에서 내려 인심 좋게 생긴 아저씨의 허름한 자동차를 한 번 더 얻어 타고 기숙사에 돌아와 안도의 한숨을 내쉬며 히치하이킹은 한 번의 경험으로 충분하다는 결론을 내렸습니다.

남자인 당신들은 히치하이킹을 하면서 그런 두려움을 느낄 필요는 없었겠지요. 저는 당신도 여행에서 트럭 운전사의 도움을 많이 받았다는 것을 알고 공감을 느꼈습니다. 트럭 운전사들이 히치하이킹에 관대한 이유는 무엇일까요? 어려운 처지에 있는 그들이기에 남의 사정을 잘 이해하는 것일까요? 그들은 낯선 자로부터 빼앗길 것이 없다고 생각하는지도 모르겠습니다. 트럭은 회사 소유고, 기름값도 회사가 내는 사정이 그들의 호의를 설명하지는 못하겠지요.

모험이 가득 찬 젊은 시절의 여행은 생의 자양분이자 자산이지요. 젊은이들이 여행을 떠나는 이유는 온갖 인연과 관계의 그물망 속에 보호되던 삶에서 벗어나 보고 싶은 욕구 때문일 것입니다. 자유와 고독을 통해 낯선 곳에서 자신이 어떻게 생존할 수 있을지를 시험해 보고자 하는 것이지요. 공부가 끝난 후, 친구들과 헤어져 홀로 유럽을 돌아다닌 적이 있습니다. 낯선 나라를 여행할 때 가장 큰 두려움은 자신의 존재가 흔적 없이 사라져도 아무도 모를 것이라는 느낌이었습니다. 세상과 연결된 모든 줄이 끊어지고, 존재하지만 아무도 나를 의식하지 않는 상태가 되니 스스로가 유령처럼 생각되기도 했지요. 그러한 무소속과 무관심 속에서 느낀 절박함은 대자연에게 나의 존재를 외치고 싶다는 열망을 일깨웠습니다. 자연이 주는 감동은 너무 순연했고, 그것을 뛰는 가슴으로 느낄 수 있는 자신이 소중하다는 자각과 함께 여러 국경선을 넘다 보니 어느 곳에 사는 사람이든지 하나의 공동체로 여겨졌습니다.

체, 당신도 여행을 통해 그런 감동을 느꼈지요. 당신은 페루의 나환자촌에서 맞은 24세 생일파티에서 중남미를 묶는 '하나의 아메리카'를 위한 축배를 제의했습니다. 그 후, 당신은 민중의 고통을 함께하겠다는 이상을 실현하기 위해 의사로서 쥐어야 할 칼 대신 총을 들었지요.

당신의 아버지는 필요할 때 쓰라며 당신에게 총을 건네준 적이 있습니다. 여행 내내 총을 지니고 다녔던 당신에게 총은 친숙한 물건이 되었겠지요. 당신이 혁명을 위해 쉽게 총을 든 이유를 알 듯합니다. 당신은 쿠바에서 피델 카스트로와 함께한 혁명에서 성공하여 정부 고위직에 오른 뒤에도 안주하지 않고 아프리카와 볼리비아로 향했지요. 여기서 당신의 위대한 야성이 드러납니다. 의사직에 이어 고위직도 버리고 밀림에서의 게릴라 투쟁을 계속했으니까요. 그러나 총을 통해 약자를 구하고자 했던 당신의 꿈은 물거품이 되어버렸습니다. 총알은 돌고 돌아 결국은 쏜 자를 향하더군요. 그것은 다친 자를 구해야 할 운명을 거부한 결과인 것일까요?

당신의 행적에 대한 평가는 차치하고, 자신의 이상을 위해 헌신했던 열정이 오늘의 젊은이들을 아직 사로잡고 있는 것이겠지요. 당신은 쿠바에서 장관을 할 때도 퇴근 후나 주말에 육체적 노동으로 자원봉사를 했지요. 네겐 그 사실이 가장 감동적입니다. 총 들고 싸우다 목숨을 바치는 것보다 공무 후에 피곤한 몸으로 손에 흙 묻히는 것이 더 실천하기 어려운 일이 아닐까요. 결국 당신은 장관을 그만두고 몸으로 부대끼는 일로 돌아갔지요. 그 거칠고 낮은 야성이라니. 당신이 가장 싫어한 것은 '체하는 일' 인 것 같습니다. 잘난 체, 고귀한 체하기를 극도로 꺼렸던 사람. 체, 당신을 '체하지 않았던 체' 로 기억하렵니다.

춘향이 운영을 만나면

금강산 상상봉이
평지 되거든 오시려나
병풍에 그린 누른 닭이
두 나래를 툭툭 치며
사경 일점에
날 새라고 울거든 오시려는가
애고 애고 내 일이야

춘향이 옥중에서 읊은 '장탄가' 중 뒷부분이다.

이어 춘향은 슬피 울다 꿈을 꾼다. '만고정렬황릉지묘' 에서 배회하다 춘향은 아황과 여영, 녹주, 논개, 월선, 왕소군, 척부인 같은 절개를 지켰던 역사 속의 여인들을 만난다. 그들은 춘향을 기특히 여기며 자신들의 한을 풀어놓기도 한다.

춘향이 만일 꿈에서 '운영전'의 여주인공인 운영을 만났다면 어떠했을까.

"운영언니, 언니는 김진사님과 사랑을 나눈 죄로 안평대군의 노여움을 사 별당에 갇혔다가 자결을 했지요. 지금의 내 처지를 누구보다 잘 이해해 줄 사람이 언니일 거예요."

"춘향아, 너의 마음을 내가 왜 모르겠니? 님 그리는 애절함만으로도 가슴이 터질 것 같은데 변사또의 수청을 거부했다고 매를 맞고 옥에 갇혔으니 죽지 못해 사는 것이겠지."

"언니, 우리의 사랑은 왜 이렇게 험난한가요?"

"나는 궁녀로서 안평대군 대신 김진사를 사랑했고, 너는 기녀로서 사또 대신 이도령을 사랑했기 때문이지."

"언니는 사랑에 적극적이었지요. 김진사님께 봉서를 전해 마음을 먼저 알린 것도 언니잖아요."

"그랬었지. 내 나이 십칠 세에 안평대군의 명으로 김진사님의 벼루를 받들다가 가슴이 울렁거렸고 그 다음부터는 님의 얼굴을 잊을 수 없었지."

"언니는 수성궁으로 김진사님을 불러들였고, 재산을 처분해 도망갈 계획을 세우기도 했죠?"

"그때 특이라는 김진사댁 하인이 우리를 배반하지만 않았더라도……."

"참 위험한 계획이었어요."

"물불 가릴 수 없는 상황이었지."

"사랑의 마력은 왜 그렇게 강렬한가요?"

"내 친구 은섬은 '남녀의 정욕은 음양의 이치에서 받은 것이므로 귀천을 막론하고 사람은 누구나 다 가지고 있으니, 한 번 심궁에 갇히자 외로운 몸이 되어 꽃을 봐도 눈물이 가리며 달을 대하여도 넋을 잃으니, 매화나무에 앉은 꾀꼬리로 하여금 짝을 지어 날지 못하게 함이며, 발 사이로 드나드는 제비로 하여금 양소를 얻지 못하게 하는 것이옵니다' 라고 나를 대신하여 안평대군께 말씀을 올리기도 했지."

"언니는 왜 자결을 했어요?"

"대군께서 용서한다 해도 대군님을 모시게 되면 낭군에 대한 절개를 지키지 못할 것이기에 그랬지."

"애당초 김진사님과 짝을 이룰 운명이 아니었나 보네요."

"우리는 본래 옥황상제를 모시던 천상선인이었어. 둘이 같이 옥동산의 과실을 따먹다 발각되어 진세에 쫓겨 내려와 인간의 괴로움을 겪었지만 이제 용서를 받아 다시 상제를 모시게 되었단다."

"그랬군요. 이상한 것은 어머니의 꿈에 의하면 저는 여신 낙포의 딸이었대요. 저는 하늘 복숭아를 진상코자 옥경에 갔다가 광한전에서 적송자라는 신선을 만나 정회를 풀던 중 돌아가야 할 시간을 지키지 못했대요. 그것이 죄가 되어 옥황상제의 노여움을 사 인간세계로 쫓겨났다고 하시더군요."

"그래, 너와 이도령도 원래 선계에 속해 있단다."

"저도 낭군님과 위에서 죄를 지어 이런 고통을 당하는가 봐요. 언니, 너무 힘들어요. 금방이라도 죽을 것 같아요. 이제 천상에 가면 언니를 만날 수 있겠지요?"

"춘향아, 아직 때가 아니다. 너는 지금은 고생하지만 얼마 후면 이도령의 정실로서 정렬부인에 올라 전화위복이 될 것이다."

"정말 그런 날이 올까요? 저처럼 미천한 신분이 어찌 감히 사대부의 정실이 된단 말이에요?"

"참고 견디어 살아남거라."

춘향은 운영과 달리 행복한 결말을 이룬다. 이는 두 작품이 지어진 시기와 상관이 있는 것 같다. 운영전은 연대 미상이나 춘향전보다 이른 시기의 작품으로 추정된다. 춘향전은 신분질서가 동요되고 서민층의 자아신장에 대한 욕구가 일어나던 조선조 말기에 쓰였기에 춘향이 정렬부인까지 오를 수 있었던 것이 아닐까.

운영은 사랑을 주도했으며, 김진사를 위해 스스로 운명을 바꾸고자 했다. 그 시대에는 용납하기 힘든 여인상이었고, 김진사가 안평대군이라는 거대한 벽을 넘기도 힘들었다. 춘향은 사랑을 받아들였으며, 이도령에게 자신의 운명을 맡겼다. 춘향의 행동은 당시의 미덕에 부합하고, 이도령은 암행어사가 되어 변사또를 단죄하고 춘향을 구한다.

천상에서 운영은 과실을 따먹다 들켰고, 춘향은 복숭아를 진상하는 시간을 지키지 못했으므로 운영은 춘향보다 중한 죄를 지었다. 이런 설정도 운영보다 춘향이 더 가벼운 죄값을 치른 원인일 것이다. 김진사는 운영이 죽은 뒤 나흘을 굶고 세상을 떠나지만, 이도령은 인간세에서 큰 고통을 겪지 않는 것도 이들이 하늘에서 지은 죄의 경중과 관련이 있는 것 같다.

춘향과 운영은 둘 다 권력에 굴하지 않고 사랑하는 남자에 대한 절개를 지켜냈다. 그녀들은 기녀와 궁녀로서 성적 노리개라는 처지를 수동적으로 받아들이지 않았다. 한 여성으로서 사랑의 진정한 상대자가 되려 했다. 사랑을 지키기 위해 춘향은 목숨을 걸었고, 운영은 목숨을 버렸다. 두 여인은 상대 남자가 천상의 인연임을 확신했기에 그토록 용감했던 것일까.

그녀들의 사랑은 비공식적이고 음습한 것이었다. 당시가 인간 성정이 발로되기 시작하던 시기라고는 하지만, 이런 어두운 면을 희석시키려고 작자는 주인공들의 사랑을 천생연분으로 강조했는지도 모른다. 춘향전은 혼전의 자유연애를 비난의 대상에서 성공의 사례로 바꾼 본보기다. 오늘날의 자유연애자도 얼마간 춘향에게 빚을 지고 있다.

방관주와의 만남

여성영웅소설은 조선조 후반기에 많이 만들어졌다. 이 시기는 임진왜란과 병자호란과 같은 전쟁을 거치면서 영웅의 필요성이 요구되던 시기이다. 또한 양반들의 무능력이 드러나 피지배층의 비판의식이 형성되었으며, 시장경제의 발달로 몰락한 양반과 부유한 상민이 출현하여 이전까지 굳건히 유지되어왔던 상하 수직적 신분질서에 변화가 생기게 되었다. 부유한 상민 계층의 출현은 서민문화의 발달을 가져왔고, 판소리와 소설이 활성화되었다.

이 시기에 여성영웅소설이 많이 지어졌다는 것은 여성들도 시대의 변화에 따른 자각의식이 생겼다는 것을 의미한다. 여성 독자를 위한 이런 소설들은 여성의 불만을 발산하는 대리욕구 충족 기능을 하기에 충분했다.

'방한림전' 은 다른 여성영웅소설보다 내용상 갈등 상황이 일으키는 극적 긴장감이 약한 편이다. 그러나 글을 통한 여성의 욕구 표출이라는 차원에서 들여다보면 '방한림전' 은 혁신적인 내용을 담고 있다. 여성이 삶에서 원하는 희망사항들이 이 소설 속에서는 형상화되어 나타난다.

'방한림전' 의 줄거리에 나타난 여성의 욕구를 살펴보자.

1) 명나라 태학사 충열공 효유 방자에게 자식이 없다가 노년에 일몽을 얻고 관주 태어남.

   —방관주가 노년의 부모에게서 무남독녀로 태어났다는 것은 비록 딸이지만 인격적 존중을 받을 수 있는 상황이라는 것을 뜻한다. 아무리 남존여비의 사회라 해도 무남독녀는 부모에게 소중할 수밖에 없다. 출생부터 천시 받지 않고 귀한 대접 받기를 바라는 욕구가 드러난다.

2) 부모 비록 관주가 남자 아니나 관주의 기상이 준수하여 서운해 하지 않음.

   —관주의 기상이 준수하다는 것은 훌륭한 외모를 갖고 태어나고 싶은 여성들의 욕망을 나타낸다. 아들 못지않은 기상으

로 부모의 희망이 되고 싶은 것이다.

3) 부모는 천성이 소탈한 관주의 뜻대로 남복을 지어 입히고 시서를 가르침.

—관주가 남복을 입었다는 것은 활동의 자유를 의미한다. 남자로 태어나지는 못했지만, 남복을 통해 차별과 제약에서 벗어나고 싶은 심리의 표출이다. 관주가 시서를 익혔다는 대목에는 여성들도 학문을 배우고 싶은 욕구가 담겨 있다.

4) 관주가 8세에 부모가 죽음.

—여성들이 조실부모하기를 원했다고 할 수는 없으나, 대부분의 경우 여자에게 있어 부모는 딸의 역할을 제한하는 수가 많으므로 여자들이 부모의 억압과 간섭을 부담스러워했다는 추정은 가능하다.

5) 관주가 9세에 유모 주유랑은 관주에게 남자 행세를 그만둘 것을 권유하나 관주는 입신양명하여 부모의 후사를 빛낼 것을 다짐하며 이 일을 비밀로 부칠 것을 당부.

—여자도 입신양명하고 부모의 후사를 빛내고 싶은 욕구가 나타나 있다.

6) 관주는 독서와 더불어 홀로 병서와 무예를 익힘.

—학문 외에 무예도 익혀 육체적인 면에서도 남자와 대등한

능력을 갖고자 하는 욕구가 보인다. 무예를 익히면 여자도 육체적 약점을 극복할 수 있다. 홀로 병서와 무예를 익히기는 쉬운 일이 아니지만, 관주가 스스로의 의지로 이를 익혔다는 것은 남자 스승의 도움에 의지하고 싶지 않은 심리를 드러낸다.

7) 가사를 유모와 비복에게 맡기고 관주는 1년간 원근 산천과 지방 대해를 두루 돌아다님.

—가사에서 벗어나 주유천하하며 견문과 경험의 폭을 넓히고자 하는 열망이 드러난다. 이는 활동반경에 제약을 받아야 했던 당시 여성의 삶에서 탈출하고 싶은 욕구의 표출이다.

8) 관주는 12세에 과거에 장원급제하여 한림학사가 됨.

—과거에 급제하여 능력을 펼치고 사회생활을 하고 싶은 바람이 나타난다. 그것도 장원급제를 함으로써 여자의 지적 능력도 남자에게 뒤지지 않음을 보여주고 싶은 욕구도 보인다.

9) 병부상서 영공의 12세 된 딸 혜빙은 '여자는 죄인이라. 백사에 이미 임의치 못하여 그 사람의 절제를 받나니 남아 못될진대 인륜을 그침이 옳으리라' 라고 생각함.

—영혜빙이 한 남자의 아내로서의 역할을 거부하는 대목에서는 남자 아래에서의 굴욕적인 삶으로부터 벗어나고자 하

는 마음이 읽혀진다.

10) 영공은 방관주를 사위로 맞고자 혜빙을 선보이고, 이때 혜빙은 관주가 여자임을 알아보고 이런 영웅 여자를 만나 일생지기 되어 일생을 마치기로 결심함.

—혜빙이 부부 간의 금실지락보다는 대등한 관계를 더 중요시한 데서 평등 욕구의 절박함이 나타난다.

11) 관주와 혜빙은 결혼을 하여 형제의 의를 맺고, 혜빙은 관주의 정체를 비밀로 할 것을 약속함.

—관주가 결혼하는 대목은 큰 갈등이 일어날 상황이지만, 혜빙을 만남으로써 너무나 순조롭게 처리된다. 갈등이 유발하는 소설적 재미라는 차원에서 이 대목은 밋밋하다. 그러나 내용상으로는 획기적이다. 여성끼리의 결혼은 이 소설의 가장 큰 독특성이다. 이 부부가 단순한 우정 관계였는지 동성애적 관계였는지는 확실하지 않다. 어느 시대에나 동성애는 있어 왔다. 그렇지만 이 부분에서 형제의 의가 강조되어 있고 다른 대목에서 금실지락을 포기했다는 내용이 있는 것으로 보아 지은이의 초점은 대등한 부부 관계에 더 맞춰져 있는 것 같다.

12) 관주가 형주 관찰사로 근무하던 어느 날, 바위 위에 시를

쓰고 나니 하늘에서 벽력이 진동하며 큰 별이 떨어지고 잠시 후 바위 위에 아이가 있어 이름을 낙성이라 하고 데려다 키움.

—아들을 얻고자 하는 욕망은 남자에게는 추상적 희망을 의미하지만, 여자에게는 구체적 집착으로 다가온다. 자신이 당한 고난을 대물림하지 않기 위해서라도 자식은 아들이 되어야 하는 것이다. 여성들의 아들을 통한 대리 만족, 남자의 어머니가 되고 싶은 욕망이 드러난다. 또한 임신과 출산이라는 육체적 불편과 위험을 거치지 않고 자식을 얻고 싶은 심리도 보인다.

13) 북방 오랑캐가 수만 대군을 거느리고 침범하자 방관주는 자원 출전함.

—전쟁에 자원하는 용기는 보통 남자들도 갖기 힘들다. 집안에서는 왕 노릇하는 남자들이 전쟁에 임해서 우물쭈물할 때 관주가 나섰다는 것은 여자도 남자보다 용감할 수 있다는 것을 보여주려는 욕구다.

14) 호군이 대패하자 야율달이 관주를 죽일 것을 호왕에게 고하고 검은 기운으로 변해 침입하나 방관주는 이를 알아채고 그를 죽임.

—술법을 부리는 적을 단칼에 쳐서 죽이는 것은 보통의 무공 솜씨가 아니다. 절정의 무공을 소유하여 어떤 위험에서도 자신을 지킬 수 있는 경지가 되고 싶어 하는 대목이다.

15) 야율달의 첩 달여가 원수를 갚고자 호왕과 함께 관주에게 와서 서로 진법을 겨루다 달여는 죽고, 도망가던 호왕은 사로잡히나 관주는 그를 살려 보냄.

—다른 나라 왕의 목숨을 좌우하는 위치가 되고, 그를 살려줄 정도로 덕도 함께 갖추고 싶은 마음이 나타난다.

16) 전공 세우고 돌아온 관주는 우승상이 되고, 부모도 각각 좌승상 평양후와 한국부인으로 추존됨.

—여자도 최고위직에 오르고, 이로 인하여 돌아가신 부모의 이름도 드높여 가문을 빛낼 수 있기를 바라는 욕구다.

17) 12세 된 아들 낙성과 김추밀의 효성 지극한 여아가 혼인을 치름.

—훌륭한 가문의 참한 며느리를 보고 싶은 소망이 이 대목에 담겨 있다.

18) 낙성은 13세에 과거에 합격함.

—아들도 입신양명하여 가문의 영광을 유지시켜 주기를 바라는 마음이 나타난다.

19) 며느리 김소저가 첫 아들을 낳음.

—남녀 차별에 대한 자각의식이 강한 여자일수록 후손은 남자이기를 바라는지도 모른다. 손녀보다는 손자를 얻고자 하는 소망이 여기서 드러난다.

20) 방관주는 어느 날, 도인으로부터 40세를 넘기지 못할 것이라는 예언을 듣고, 그 이유가 음양을 바꾸어 세상을 속인 죄라는 것을 알게 됨.

—40세를 넘기지 못하고 죽는다는 설정은 용모가 노추해지기 전에, 세상 사람들로부터 무관심의 대상이 되기 전에 안타까움을 남기고 세상을 하직하고 싶은 욕구로 보인다.

21) 김소저가 두 번째 아들을 낳음.

—손자를 둘은 보고 죽어야 안심이 되는 심리가 보인다.

22) 방관주가 병이 들자 천자가 위문 와서 눈물을 흘리며 슬퍼함.

—누워서 천자의 방문과 위로를 받을 만큼 스스로가 존엄한 존재임을 천명하고 싶은 욕구가 그려져 있다.

23) 방관주는 천자에게 자신이 본디 여자임을 고백하나, 천자는 벼슬을 거두지 않겠다고 함.

—죽기 전에 죄를 고백하고 용서받고자 하는 마음과 그로

인해 명예가 추락되지 않기를 바라는 욕구가 드러난다.

24) 방관주가 39세를 끝으로 생을 마치자 혜빙도 관주를 따라 죽음.

—생의 동반자와 죽음도 같이하고자 하는 욕구가 보인다.

25) 낙성의 꿈에 방관주와 영혜빙이 나타나 자신들은 원래 문곡성과 상하성이었는데 금슬이 너무 좋아 임사를 폐하여 상제에게 밉게 보인 탓에 인간 세상에 내쳐져 허명으로 부부되었었으나 이제는 예전 같이 화락하니 서러워 말라고 설명함.

—이 부분은 인간 세상의 여자도 천상에서는 남자일 수 있다는 상상을 통해 인간 세상에서 남녀 차별이 사라져야 한다는 의식을 담고 있다.

'방한림전' 의 마지막 부분에는 승상의 육촌인 민한림 부인 방씨가 그 집 사적을 아는 고로 이를 기록하여 세상에 전한다고 되어 있다. 이 대목을 어디까지 믿을 것인가 하는 문제가 대두된다.

이 작품의 배경은 조선조 초기인 명나라 때이고, 소설이 지어진 시기는 조선조 말기로 추정되므로 민한림 부인 방씨가 방한림의 재종이라고 볼 수는 없다. 또 그녀가 조선 여인이고 방한림이 중국인이라면 이 대목에 대한 신빙성은 없다. 소설 속의 시대와 배경을 지은이가 적당히 변경할 수 있는 것이라고 쳐도 그녀의 주위에 방한림 비슷한 인물이 있었다고 생각하기도 어렵다. '방한림전' 에는 현실과는 동떨어진 내용이 너무나 많기 때문이다.

그러나 이 소설을 읽은 한 여성으로서 지은이가 여자일 것이라는 한 가지 사실만은 직감적 확신이 든다. 여자가 아니고서는 여자가 꿈꾸는 이상적 삶의 한 예를 그토록 세밀히 표현해낼 수 없기 때문이다.

'방한림전' 은 단순한 여성영웅소설이 아닌 여성해방소설이다. 방관주를 통해 지은이는 자신의 현실적 한계를 뛰어넘고자 했다. 방관주는 지은이의 정신적 아바타였던 것이다. 지금으로서도 파격적인.

제5장

문화는 정해져 있지 않다. 새 시도가 금지된 것도 아니다.

미래는 문화경쟁의 시대다.

커피 한 잔의 문화도 소홀히 할 수 없다.

커피 한 잔에 담긴 문화

커피 한 잔.

써놓고 보니 글자에서 향이 나는 것 같다.

악마의 음료 취급을 당하다 세례를 받고, 특권층의 음료에서 대중의 필수품이 되기까지 커피의 역사에는 땀과 눈물이 배어 있다. 한때 유럽에서는 의사의 처방이 필요한 약이었고, 전장에서는 병사의 사기를 돋웠으며, 예술가에게는 영감을 선사했던 검은 물의 위력은 지금도 한결같다.

커피 한 잔을 마시는 데에도 수많은 방식과 문화가 있다.

아침 식사 대용으로 충분한 카페 라테, 점심 식사 후에 소화를 돕는 아메리칸 커피, 고독을 달래주는 에스프레소, 동심으로 돌아가게 하는 비엔나 커피, 산지별 특성을 음미하는 드립 커피, 동전 몇 개면 나오는 자판기 커피, 뜨거운 물만 부으면 되는 커피 믹스….

에티오피아가 원산지인 커피는 아랍, 유럽, 동양, 미 대륙으로 전파되는 과정에서 머무는 곳의 특성과 어울려 독특한 문화를 이루어냈다. 원두를 볶거나 커피를 추출하는 방식, 마시는 장소의 분위기도 모두 다르다.

지금도 에티오피아의 원시 부족은 커피 열매를 통째로 끓여 바가지에 담아 마신다. 터키에서는 끓는 물에 커피 가루를 넣은 후 약한 불로 끓이면서 휘저은 후 불을 끄고 가루를 가라앉힌 다음 따라 먹는다. 베트남에서는 로부스터 원두와 연유를 이용한 짙은 맛을 즐긴다. 프랑스와 이탈리아는 강하게 볶아진 원두로 커피를 만든다. 일본은 자메이카 블루 마운틴의 커피 생산지에 투자하여 최고급 커피를 공급받는다. 미국은 전기 커피메이커로 추출된 묽은 커피로 유명하다.

요즘 우리나라에서는 미국이나 유럽에서 온 체인점에서 파는 커피가 유행이다. 그들은 커피를 산다기보다는 분위기와 문화를 즐기는 값을 낸다. 그들은 인터넷에서 헐리우드 영화배우들이 커피 체인점 로고가 그려진 종이컵을 들고 걷는 사진을 보며 커피 한

잔으로나마 그들과 같아지기를 원한다. 외국에서 맛보았던 커피라고 반기며 추억의 매개물로 마시기도 한다. 커피 한 잔 값은 밥 한 끼 값에 가까운 금액이지만, 정신적 만족은 밥이 주는 포만감에 못지않다. 문화적 배경이 취약한 국내 상표의 커피 체인점은 이에 맞서 원두의 신선함으로 승부를 걸기도 한다.

얼마 전에는 커피 전문점을 배경으로 한 드라마가 방영되어 바리스타라는 직업에 대한 관심이 높아졌다. 커피도 제대로 만들려면 배울 것도 많고 숙련과 노력을 필요로 하는 음료다. 국민소득이 높아지면서 커피에 대한 이해의 폭도 확산되고 있다. 그러나 선진국에 비하면 원두커피를 즐기는 비율은 훨씬 낮다. 이탈리아는 99%, 미국은 90%, 일본은 60%가 원두커피를 마신다.

우리나라는 아직까지 인스턴트커피가 90%를 차지한다. 우리의 성급하고 일률적 성향이 커피 문화에서도 드러난다. 빨리빨리 똑같은 커피를 마셔야 우리는 편하다. 느긋하게 개성 있는 커피를 즐기는 것은 사회의 특성이 변하지 않는 한 쉽지 않다. 그러나 건강을 우선하는 세태로 보아 머지않아 원두커피가 더 높은 인기를 얻어갈 것이다.

커피가 서구 문화의 산물인 것처럼 여겨져 왔던 이유는 서구에서 나름의 커피 문화를 발달시키고, 전파했기 때문이다. 더 오랜 커피 역사를 가진 에티오피아나 아랍 지역의 커피 문화는 서구의 커피 문화에 가려져 있다.

우리도 고유의 커피 문화를 개발해 볼 만하다. 예를 들어 질그릇에 볶은 원두를 주머니에 담아 뜨거운 물에 우려내고, 녹차처럼 다른 농도를 비교해 가며 마시는 방법도 시도해 볼 수 있다. 몇 십 년 전에는 커피에 계란을 넣어 마시기도 했다. 계란 커피가 어떻게 해서 시작되었는지는 모르지만, 기묘한 배합임에는 틀림없다. 계란 커피는 사라졌어도 대담한 시도는 살려낼 만하다. 외국에서 커피는 다른 재료들과 결합해 현재도 활발히 변신 중이다. 커피를 변신시키는 여정에는 누구나 참여할 수 있다.

문화는 정해져 있지 않다. 새 시도가 금지된 것도 아니다. 미래는 문화 경쟁의 시대다.

커피 한 잔의 문화도 소홀히 할 수 없다.

커피의 표정

아침,

커피콩이 크르르륵 갈리자 적막이 달아난다.

구수하고 나른한 냄새가 한껏 몸을 펼친다.

추출기에 여과지를 얹고 커피 가루를 담아 살짝 흔든다.

끓인 물을 커피 위에 방울방울 부어 적신다.

잠시 기다렸다 가늘게 물줄기를 붓는다.

커피는 기다렸다는 듯이 거품을 내며 부푼다.

물줄기를 둥글게 돌려 붓는 동안 진액이 서버로 떨어진다.

하루를 맞는 의식을 치르고 손에 든 커피는 신선하고 따뜻하다.
60알의 커피콩이 제각각 통통 튀며 활기를 전한다.

점심,
커피 전문점에 들렀다.
한 잔의 에스프레소를 시킨다.
치이익 소리를 내며 기계가 커피를 쏟아낸다.
달빛도 없는 한밤의 어둠이 자그마한 잔에 담겨 있다.
황금빛 거품이 가장자리에 은하수처럼 빙 둘러 떠 있다.
고통스러운 쓴맛을 본 뒤에 설탕 한 숟가락을 넣는다.
단맛은 특유의 친화력으로 약간의 행복을 가미한다.
깊고 풍부한 감정이 담긴 액체가 기분을 알아줄 것 같아
한 잔의 소주 대신 에스프레소를 마신다.

저녁,
여섯 사람이 모여 커피 블렌딩을 했다.
첫 번째, 넉넉한 여유를 풍기는 주부는 자신의 커피에 '포근한 가족' 이라는 이름을 붙였다. 브라질 클래식 모기아나 50%, 에티오피아 모카 하라 30%, 인도네시아 만데링 20%의 배합을 가진

커피는 이름처럼 포근한 맛이다. 가족에 대한 애정과 헌신이 머릿속에 그려진다.

두 번째, 귀여운 얼굴의 미혼녀는 '싱글의 끝자락' 이라는 제목을 내놓았다. 브라질 클래식 모기아나 50%, 과테말라 안티구아 30%, 에티오피아 모카 하라 20%인 커피의 맛은 아쉬움을 남긴다. 아마 곧 좋은 인연을 만나 결혼할 계획인 모양이다.

세 번째, 당찬 인상의 미혼녀는 '내가 빠져 죽고 싶은 강, 그대' 라고 이름을 지었다. 어느 카페의 이름에서 따왔다고 한다. 콜롬비아 에스메랄다 수프레모 50%, 인도네시아 만데링 30%, 과테말라 안티구아 20%의 커피에서 정열이 느껴진다. 그녀는 사랑의 열병에 빠져 있거나, 그런 사랑을 꿈꾸고 있나 보다.

네 번째, 내 커피는 '마야를 기리며' 로 했다. 마야문명이 꽃피었던 과테말라의 커피를 주원료로 했기 때문이다. 과테말라 안티구아 50%, 브라질 클래식 모기아나 30%, 에티오피아 모카 하라 20%가 섞인 맛은 부드럽게 그립다. 과테말라 안티구아는 베이스커피로 잘 사용되지 않는다지만 그렇기에 나만의 블렌딩이 아닌가. 카리브 해의 투명한 생기를 내려다보고 있는 퇴락한 마야 유적지에서 느꼈던 허무하고 기괴한 매력을 잊지 않기 위해 이름을 붙였다.

다섯째, 40대 남자는 콜롬비아 에스메랄다 수프레모 50%, 에티오피아 모카 하라 30%, 과테말라 안티구아 20%의 배합을 내놓았지만 이름 붙이기를 거부한다. 우리는 맛을 보고 강렬한 맛이 비 오는 날 마시기 좋다며 이름을 '비 오는 날' 이라고 붙였다. 비 오는 창밖을 내다보며 강가의 찻집에서 첫사랑을 떠올리면 아릿한 몰입에 취할 것 같다.

여섯째, 30대 남자는 콜롬비아 에스메랄다 수프레모 50%, 인도네시아 만데링 30%, 에티오피아 모카 하라 20%의 커피에 역시 이름을 못 붙이고 있다. 우리는 그의 이미지처럼 깔끔한 맛을 주는 그 커피를 위해 '깔끔 그 자체' 라는 이름을 지었다. 친구와 만나는 자리에서 정담을 나누며 마시면 어울릴 산뜻한 맛이다.

이런저런 커피를 마시는 시간은 잔에 담긴 숨겨진 표정을 읽는 시간이다.

PNG에서 온 연인

첫 만남에서 넌 특별한 파장이었다.

너의 체취는 오래전부터 알았던 듯했다.

잠시 눈을 감고 너를 맞는다.

너의 시련과 뜨거운 눈물은 운명이었다.

넌 영혼을 깨울 성수를 흡수하고, 자연에서 여과된 정기를 간직해 왔다.

그윽한 평안과 감미로운 기쁨을 주더니 넌 끝내 원시적 야성을 드러낸다.

쓰라린 그리움과 떫은 상심의 흔적이 길다.

지나친 몰입이 두려워 난 초조한 아쉬움을 안고 돌아선다.

너와 이별한 밤이면 잠 못 이룬 채 뒤척인다.

아직도 내 몸에 남아 있는 여진.

검고 맑은 얼굴의 넌 진정한 나의 연인.

연인의 신상은 다음과 같다.

이름 : PNG 원두커피

성격 : 순수하고 솔직함

특성 : 700여 가지의 향과 맛을 지님

출신지 : 마지막 원시의 땅, 파푸아뉴기니

조상 내력 : 자메이카 블루 마운틴에서 이주함

엽기적인 커피

세상에서 가장 예술적 커피는?
세상에서 가장 완벽한 커피는?
세상에서 가장 엽기적 커피는?

카페에서 커피 시음회가 열렸다.

핸드 드립 추출기구를 들고 참가했다. 기대감에 벌써 커피를 마신 것처럼 가슴이 두근거린다. 시음장은 커피향기로 가득 차 있다. 코는 입으로 정보를 전달해 미각도 조바심을 낸다. 커피를 가는 소리와 향기는 여행을 떠나기 전의 상상처럼 막연한 즐거움을 자아낸다.

먼저 이탈리아식 혼합 커피의 컵 테이스팅이 시작되었다. 컵 테이스팅은 커피 가루에 끓인 물을 붓고 3분 후에 맛을 보는 것이다. 비발디와 파가니니, 베르디와 토스카니니 같은 음악가의 이름을 딴 7가지의 커피가 한 줄로 놓여 있다. 여러 종류의 원두를 섞어 음악가의 특성을 연상시키는 맛을 지닌 커피들이다. 한 모금을 마시면 명곡이 저절로 가슴속에서 연주되는 커피. 이런 예술적인 커피를 위해 작곡만큼 심혈을 기울였음이 틀림없다.

맛을 제대로 느끼기 위해서는 '흡' 하고 흩뿌리듯이 마셔 커피가 혀의 미각 감지 부위에 골고루 닿게 해야 한다. 비발디는 생기가 감돌고, 파가니니는 독특하다는 선입견 때문인지 맛도 그런 것 같다. 초보자가 미세한 차이를 구별해내는 것은 쉽지 않다. 제대로 평가하려면 미각을 넘어 음악적 지식과 감성, 표현력까지 갖춰야 한다.

다음에는 4가지 원두를 직접 수동기계에 갈고, 핸드 드립으로 커피를 추출해 맛보는 순서다. 하와이 코나나 예멘 모카는 약간 비싸기는 하지만 그리 어렵지 않게 구할 수 있는 반면에 블루 마운틴과 루왁은 맛보기가 쉽지 않다. 블루 마운틴은 가짜가 많고, 루왁은 가장 소량 생산된다.

가장 커피다운 커피는 역시 블루 마운틴이다. 신맛과 쓴맛, 단

맛과 초콜릿맛이 어느 한쪽에 치우치지 않고 잘 조화되어 있다. 커피로서 최고의 경지다. 신맛이 강하고 우아한 하와이 코나와 초콜릿맛에 강렬한 예멘 모카도 나름의 독특함은 있지만 블루 마운틴의 완벽함에는 미치지 못한다.

커피의 왕좌를 차지하고 있던 블루 마운틴의 명성은 요즘 루왁 커피에 밀리는 듯하다. 같은 루왁 커피에서는 독특한 냄새가 난다. 비위 상하는 살갗 냄새인가 하면, 얼핏 화사한 향을 풍긴다. 인도네시아의 사향고양이인 루왁은 잘 익은 커피콩만 골라 따먹는다. 과육은 소화되고 딱딱한 씨만 배설된 것을 모아 세척하고 말린 후 볶아 사용한다.

루왁 커피는 사향고양이의 몸을 통과해 나와 이제 그 정수의 맛으로 내 몸에 들어올 차례다. 물을 몇 방울 떨어뜨려 커피 가루가 불어나길 잠시 기다렸다가 동그랗게 물을 부어가며 커피를 추출했다.

커피 전문점에서 한 잔에 5만 원인 루왁 커피다 보니 호기심이 발동하지 않을 수 없다. 일단 가격이 비싸다면 주목하게 되는 것이 사람 심리다. 그렇게 비싼 이유가 뭘까 싶기도 하고, 그것을 접해 보았다는 만족감을 위해서도 그렇다. 오늘의 시음회는 주최하는 분이 봉사 차원에서 참가비 1만 원만 받는 것이다. 진짜

블루 마운틴 한 잔만 마셔도 본전은 뽑는다는 계산에 아줌마 근성이 발동했다. 이 기회를 놓치지 않으려고 너무 벼르다 지난 목요일인 줄 알고 1주일 먼저 왔다 허탕치고 돌아가기까지 했다.

고대하던 루왁 커피를 컵에 따라 냄새를 맡아 보았다. 역시 야릇한 향이 풍긴다. 한 모금 마셔 본다. 입 안에서 감돌며 후각으로 전해져 오는 맛은 복잡하고 혼란스럽다. 얼핏 불쾌하면서도 마음을 움직이는 마력을 지녔다.

사향이 무엇인가. 생식기 부근에서 분비되는 페로몬이 아닌가. 이성을 유혹하는 이 냄새는 무언가 음습한 곳에서 오랫동안 응축된 본능적 체취라고 할까. 사향의 향기는 헤치는 힘이 세서 그 기운이 골수까지 들어가고, 나쁜 기를 몰아낸다고 한다. 기절한 사람도 소생시키는 사향의 힘은 그 냄새가 생명의 시원에서 나오기 때문인지도 모르겠다.

단순하게 좋은 것은 널리 사랑을 받지만 최고가 되지는 못한다. 독특하고 엽기적인 것일수록 명성을 얻는다. 최고급 향수인 용연향도 깨끗함과는 거리가 멀다. 고래의 토사물이 10년 이상 바다에 떠다니며 악취가 굳어야 용연향이 된다. 물고기들이 뱃속에서 소화, 발효된 것이 토해져 꿈꾸는 듯한 바다 냄새를 만든다. 그뿐 아니라 바위 오소리 오줌이나 솔담비 분비물도 향수의 재료가 된다. 인간도 역시 동물인지라 온갖 동물적인 체취에 끌리나 보다.

몇 달 후, 아는 이가 인공 루왁 커피를 시음해 보라며 조금 주었다. 루왁 커피가 비싸게 팔리자 인도네시아에서는 사향고양이를 사육해 커피 열매를 먹인다고 한다. 사육된 고양이에게서 나온 커피라서인지 지난번 것보다 향이 덜하다. 야생동물 특유의 공격력과 생존력이 결핍되어 사향마저 희미해졌나 보다. 인공 루왁 커피는 재미가 없다. 그 속에 생생한 이야기를 담고 있어야 진짜가 된다.

맛있는 최신 무기

C 선생님 :

“스테이크용 고기는 올리브기름을 듬뿍 발라서 냉장고에 넣었다 구워야 해요.”

“고구마 껍질을 벗길 때 얇게 벗기면 시커멓게 색이 변하니까 아깝더라도 껍질을 두껍게 벗기세요.”

“음식은 일단 맛이 있어야 먹게 되는 거예요. 건강 생각한다고 설탕을 덜 넣거나, 생크림 대신 우유를 사용하면 제 맛이 나질 않아요.”

중년을 훌쩍 넘긴 그녀는 푸근한 외모를 지녔으며 자상하게 요리를 가르친다.

그녀의 요리는 맛 위주다.

G 선생님 :

“단 호박과 달맞이 뿌리, 돼지감자와 민들레 뿌리를 쪄서 소금만 약간 넣고 으깨세요. 그 다음 쇠별꽃과 제비꽃, 애기 싱아와 황새냉이 잎, 민들레 잎을 함께 버무린 뒤에 달맞이 꽃잎과 까마중을 위에 올려 마무리하세요.”

“맨드라미꽃을 따서 같은 양의 설탕을 뿌려놓았다가 붉은 물이 우러나오면 물김치에 섞어 색깔을 내세요.”

“침 튀니까 씻어놓은 재료에 얼굴을 너무 가까이 대지 마세요.”

화장기 없는 얼굴에 긴 생머리를 뒤로 올리고 개량 한복을 입은 그녀는 야성적 눈빛과 직설적 어조를 지니고 있다.

그녀의 요리는 건강 위주다.

K 선생님 :

“아롱사태 배추찜을 만들어 시댁에 갖다 드려 보세요. 아주 좋아하실 거예요.”

“쇠고기를 다질 때는 도마 소리가 요란하지 않게 조심하고, 양념에 버무릴 때는 손가락 끝으로만 조물조물해서 손바닥에 양념이 많이 묻지 않도록 하세요."

"여러분도 어렵게 배운 거니까 남한테 쉽게 공짜로 가르쳐 주지 마세요."

대갓집에서 자란 그녀는 조신한 몸가짐과 양반가 솜씨를 물려받았다.

그녀의 요리는 정성 위주다.

요리는 만든 사람의 개성을 드러낸다.

개성에는 가정환경과 성격이 포함되어 있다. 자신이 먹고 자란 음식을 주로 만드는 것도 익숙함을 찾는 본능 때문이다. 미각에 입력된 바로 그 맛을 찾아가는 과정은 연어가 본향을 찾아 역류하는 것과 비슷하다. 색다른 음식을 시도하려면 더 많은 노력과 상상력이 필요하다. 입력된 정확한 정보가 없기 때문에 확신할 수 없는 요리가 되고 만다. 어떤 사람이 만들어낸 음식을 먹어보고는 그 사람에 대한 선입견이나 고정관념을 고쳐야 될 때도 있다. 만든 이의 재능과 생활방식도 요리를 통해 알 수 있기 때문이다.

요리는 만들 때의 감정 상태도 나타낸다.

기분이 좋을 때는 맛있는 음식을 만들게 된다. 사랑을 표현하는 방법에는 여러 가지가 있지만, 주부가 가장 손쉽게 사랑을 표현할 수 있는 방법은 음식이다. 요리하는 사람이 자신만을 위해 공들인 요리를 하는 경우는 드물다. 혼자 먹자고 그 번거로운 일을 하기보다는 간단히 먹고 편히 쉬는 것을 선택하기가 쉽다. 가족이 고맙게 여기며 맛있게 먹는 모습을 바라보면 행복해진다. 반면, 피곤하거나 걱정거리가 있을 때에는 부엌에 가기가 싫어진다. 음식을 만든다 해도 간이 맞지 않게 된다. 남편은 밥상 앞에서 아내의 기분을 헤아려 볼 수 있다.

요리는 무기가 되기도 한다.

인간은 미각이 만족되면 긴장이 풀어진다. 요리는 상대방의 마음을 사로잡아 자신의 요구를 관철시키는 강력한 수단이 될 수 있다. 어머니의 손맛을 그리워하는 남편에게 아내들이 실망하는 이유도 남편의 정서적 끈이 어머니와 더 단단히 연결되어 있다는 의미로 해석하기 때문이다. "당신이 해 주는 음식이 최고야" 라는 한마디를 아내는 원한다. 아내의 손맛 때문에 일찍 퇴근하고, 멀리 떨어져 있어도 그리워하고, 부탁을 순순히 들어주는 남편이기를 바란다. 가정의 요리는 가족의 기호에 맞춰지기 때문에 객관적으로 인정받지 못할 수도 있지만, 주부는 가족으로부터는 최고의 요리사라는 찬사를 들을 수 있다.

내가 추구하는 요리법은 3S—Speedy, Simple, Stylish다.

시간을 절약할 수 있고, 단순한 재료와 담백한 맛에, 보기에도 좋은 음식을 만들려고 한다. 그러나 시간이 없다는 핑계로 Speedy, Simple에서 그치기 일쑤다.

맛 위주로 요리하자니 건강이 걱정되고, 건강 위주로 하자니 재료 구입과 맛에 신경이 쓰이고, 정성 위주로 하자니 시간과 힘이 든다. 가족의 식성이 까다롭지 않아 다행이다.

가끔은 감동을 주는 요리를 만들고 싶어지는 때가 있다. 요리책을 쓰기도 한 소피아 로렌은 봉골레 스파게티가 가장 자신 있다고 하는데 내가 가장 잘하는 요리는 무엇일까. 생각해 보니 떠오르는 음식이 없다. 그럭저럭 해낼 수 있는 요리는 많은데 이거다 싶은 것은 없다. 나에겐 확실한 무기가 없는 셈이다. 날선 칼로 만든 최신 무기를 하나 개발할까, 아니면 야욕 없는 평화주의자로 남을까.

앞치마 두른 할아버지가 멋있다

할머니들이 아우성이다. 남편과 같이 있기 싫다고 울상이다. 할머니들이 왜 이렇게 남편을 기피하게 되었을까. 사회에서 은퇴하고 집에서 하루 종일을 보내게 된 남편은 세 끼를 꼬박꼬박 대접받고, 아내의 일거수일투족을 살피며 잔소리를 하고, 외출하려는 아내를 못마땅하게 여기기 때문이다. 반대로 아내에게 시달리는 할아버지도 있겠지만 가부장문화 경향이 강한 노년층에서는 할아버지가 할머니에게 스트레스를 주는 경우가 훨씬 많다.

요즘은 은퇴 연령이 앞당겨지고 평균수명이 늘어나 부부만의 시간을 보내는 세월이 늘어났다. 40대 후반에 은퇴해 90세 가까이 산다고 하면 40년 정도를 은퇴기로 보내는 셈이다. 이 시기의 삶의 질이 중요하지 않을 수 없다. 일찍이 고령화 사회가 된 일본에서는 노부부끼리의 살인 사건이 증가해 사회문제가 되고 있다.

아이들이 독립해 떠나고 나면, 몇 십 년간의 살림살이에 지친 여자들은 이제 좀 편히 살고 싶어 한다. 그러나 상황은 여의치 않다. 옛날에는 며느리에게 살림을 맡겼지만 핵가족화 된 요즘은 죽을 때까지 살림을 해야 한다. 친구들과 여행을 가고 싶어도 남편의 식사가 걸림돌이 된다.

남자들이 요리를 배우면 어떨까. 만들 음식을 구상하고, 시장에 가서 살 것을 고르고, 재료를 씻고 다듬고 요리를 하다 보면 하루가 어떻게 가는지 지루할 틈이 없을 것이다. 배우는 재미는 삶의 의욕도 증가시킬 것이다. 재주가 없다는 변명은 통하지 않는다. 여자들도 재주가 있건 없건 의무적으로 해 왔다. 남자들도 쉬운 것부터 배우면 한 끼는 얼마든지 차릴 수 있다. 아침 식사로 커피를 끓이고, 빵 한 조각과 계란 부침만 해 놓아도 아내들은 행복할 것이다. 그동안 아내가 해 왔던 노고에 감사하고 주부의 입장을 이해하게 되어 부부 사이는 저절로 좋아지지 않을까.

여자가 남자보다 오래 사는 이유는 잡다한 집안일을 하기 때문이라는 연구결과도 있었다. 살림에 동참함으로써 남자는 장수도 누릴 수 있다. 남자가 어느 날 갑자기 혼자 변하기는 어려울 것이므로 사회적인 뒷받침이 필요하다. 동사무소마다 은퇴한 남자를 위한 요리교실을 열면 어떨까. 여자들이 번갈아 자원봉사로 가르칠 수도 있다. 비슷한 처지의 동네 친구들을 사귀면서 요리를 함께 배우다 보면 노년의 가장 큰 괴로움인 외로움과 무료함도 달아날 것이다. 할아버지가 멋있어 보이기는 힘들다. 단, 앞치마를 둘렀을 때는 예외다. 그것도 빨간 색으로.

마시는 보석

포도주 한 병을 선물 받았다.

앞쪽을 보니 맨 위에 '2005 인터내셔널 와인 챌린지 은상' 마크가 붙어 있다. 라벨에 적힌 포도주 이름은 '까보 데 오르노스(Cabo de Hornos)' 이고, 생산연도는 2000년이다.

아래쪽으로 문장 몇 개가 있다. '이야기는 1865년 시작된다. 보니파치오와 호세 그레고리오 꼬레아 알바노 형제는 선조부터 내려온 땅에 산 페드로 포도원을 세웠다. 이후로 100년 넘게 산 페드로 포도주 병 뒤에서 좋은 포도주를 만들기 위한 주인의 고집스러운 노력이 계속되어 왔다.' 형제의 이름에 한국(Corea)과 비슷한 꼬레아(Correa)가 들어 있어서 사전을 찾아보니

Correa는 '가죽끈' 을 뜻한다. 한국과 인연이 있나 했더니 가죽끈과 연관이 있는 가문인가 보다.

병의 뒷면에는 '까보 데 오르노스라는 이 고품질 까베르네 소비뇽 포도주는 남미의 남단에 있는 1616년 발견된 칠레 땅의 이름을 딴 것이다. 30년 된 나무의 포도로 만들고, 프랑스산 오크통에서 18개월 동안 숙성되었다. 붉은 열매 과실과 단맛이 벨벳 같은 느낌을 주며, 품격 있고 복합적인 맛을 낸다' 라고 적혀 있다.

잔을 꺼내 포도주를 따랐다. 잔의 모양은 포도주의 맛을 좌우한다고 한다. 잔의 크기와 모양에 따라 액체가 혀의 각기 다른 부위에 먼저 닿기 때문이라는데 일리가 있는 듯하다.

일본 만화 '신의 물방울' 에서 본대로 해 본다. 엄지는 90도로 굽혀 잔 받침 위에 놓고 나머지 손가락으로 아래쪽을 받친 다음, 잔을 불빛에 대고 45도로 기울였다. 가넷처럼 검붉다. 적당히 연륜 있는 정열을 일으키는 색이다.

잔을 들어 건배를 하니 크리스털의 떨림이 속에서 휘돌아 나온다. 다른 술도 마실 때도 건배를 하지만 소리의 울림에서 포도주잔의 청아함을 능가하는 것은 없다.

고혹적인 액체에서 풍기는 화려한 냄새가 얼굴을 물들인다. 눈

감고 냄새만 맡아도 포도의 기운이 흡수되어 취할 것 같다. 잔을 몇 번 돌린 다음 맛을 본다. 농염한 열매 맛이 사랑스럽다. 시각과 청각, 후각에 이어 미각이 자극되어 감각의 종합적 상승작용이 일어난다. 포도주는 분위기로 마시는 술이라는 표현은 이러한 만족효과 때문이다.

잔의 날씬한 다리를 붙잡고 있으니 도도한 물체를 받드는 듯하다. 포도주는 마치 하이힐 위에 받쳐진 여인 같다고나 할까. 하이힐을 신으면 스스로가 여성스럽고 귀한 것 같은 착각이 든다. 아무리 싼 포도주도 높은 잔에 담겨 있으면 낭만적인 분위기를 만들고, 식탁을 고급스럽게 만든다.

포도주는 마시는 사람도 우아하게 만든다. 건배를 할 때는 깨질세라 살짝 부딪쳐야 하고, 자칫 잔을 넘어뜨릴세라 손놀림을 조심하다 보면 동작이 얌전해질 수밖에 없다. 마실 때도 잔이 높아 고개를 숙이는 대신 턱을 치켜들고 시선을 아래로 향한 채 마시다 보면 오만해 보이기 십상이다.

술을 잘 못해 강한 알코올을 만나면 기침부터 하기 일쑤지만 호기심에 맛은 다 본다. 전문가는 포도가 재배된 땅의 맛을 알 수 있다고 한다. 그런 경지에 이르려면 땅에 대한 연구와 더불어 얼마나 많은 종류의 포도주를 마셔 보아야 하는지 상상이 안 된다.

일생을 바쳐야 될 만큼 포도주 연구는 어렵고 깊은 모양이다.

포도주를 대하면 그 안에 담긴 비밀을 풀지 못해 답답함이 든다. 이 포도주에 다른 어떤 맛이 있을까 하고 계속 음미해 보아도 만화 속 주인공 칸자키 시즈쿠처럼 다양한 맛을 구별해 내기는 힘들다. 등장인물들은 와인 한 모금에 어린 시절 추억을 떠올리기도 하고, 밀레의 '만종' 이나 다빈치의 '모나리자' 를 연상하기도 하며, 여행지의 기억을 살려내기도 하고, 명곡을 듣기도 한다.

눈을 감고 억지로라도 주인공처럼 무언가 느껴 보기로 한다.

2001년 여름, 캐나다의 부차트 가든을 방문했었다. 온갖 색색의 꽃들이 합창을 하듯 입을 벌리고 있는 가운데 흑장미가 로즈가든의 한 편을 가득 메우고 있었다. 꽃들은 자신을 가꾼 이의 애정에 만족하는 표정이었다. 남편이 운영하던 석회암 채석장과 시멘트 공장 부지를 세계적 정원으로 가꾸어낸 부차트 부인의 손길은 척박한 땅에서 포도주를 생산해내는 양조가의 정성을 닮았다. 포도주는 단순한 술이 아니라 추억을 이어주는 매개체다. 모든 술은 과거의 추억을 회상하게 하지만, 포도주는 그중에서도 유쾌한 부분을 되살린다.

포도주 속에 갇혔던 시간을 들여다본다. 이 포도주가 어둡고 서

늘한 곳에서 숙성되는 동안 나에게 일어났던 일들이 생각난다. 그간의 변화를 겪으며 느꼈던 감정의 입자들이 지금은 담담하게 가라앉아 있다.

포도주의 모든 성분이 처음 병에 담겨졌을 때의 혼란스러운 맛과 향도 지금은 어느 정도 안정된 상태로 자리 잡았을 것이다. 코르크 마개가 열려지는 순간, 포도주는 순결한 비밀을 공개했다. 그 희생을 너무 쉽게 받아들이는데 대한 미안함이 든다. 30년 된 나무에 매달린 포도송이들은 햇살 가득한 땅에서 신선한 공기를 마시고 자랐을 것이다. 태양과 대지, 공기의 기운을 나무는 노련하게 열매 속에 응축시켰으리라.

오늘 저녁 차려낸 음식은 샤브샤브다. 배추를 비롯한 각종 야채와 버섯, 소고기를 준비했다. 우리나라 사람이 국이나 찌개로 음식을 넘기듯이 포도주는 음식을 넘기는 역할을 한다. 한 입 안에서 만나는 포도주와 음식 사이의 조화도 중요할 수밖에 없다. 까탈스러운 전문가는 음식과 그에 어울리는 포도주를 완벽하게 맞춰 식사한다지만, 어떤 이는 자신이 즐길 수 있는 것이면 아무 것이나 괜찮다고 안심을 시킨다. 피곤한 일도 많은데 포도주와 음식의 궁합까지 너무 신경 쓸 필요는 없다. 포도주는 일상의 변화와 재미를 위한 소도구로 족하다.

일반적으로 붉은 포도주는 고기와 어울린다고 한다. 고기와 포도는 둘 다 피를 연상시킨다. 그래서 둘은 궁합이 맞나 보다. 핏빛 액체에는 가까이 손댈 수 없는 신성함이 감돈다. 포도주는 예수님의 피를 상징하기도 하므로 선교사들은 성찬식을 위해 가는 곳마다 포도를 심었다.

성경에도 포도주 이야기가 여러 차례 나온다. 창세기에 보면 '노아가 농업을 시작하여 포도나무를 심었더니 포도주를 마시고 취하여 그 장막 안에서 벌거벗은지라' 라는 구절이 있다. 홍수가 끝난 뒤 노아는 다시 지상에서 수확의 기쁨을 누리게 되자 긴장이 풀렸던 것 같다. 아버지의 추태를 본 함은 다른 형제에게 이를 알렸고, 셈과 야벳은 뒷걸음으로 들어가 아버지의 하체를 옷으로 덮어주었다. 이를 알고 노아는 셈과 야벳은 축복하고 함에게는 저주를 내린다. 그 후 셈은 이스라엘 민족, 야벳은 인도 유럽족, 함은 아프리카인의 조상이 되었다고 한다. 아프리카 땅이 아직도 가뭄과 기근에 시달리는 이유는 노아가 포도주를 많이 마신 탓인지도 모르겠다. 신실했던 노아도 포도주의 유혹을 당해낼 수 없었나 보다.

포도주는 신성과 유혹이라는 양면을 지닌 액체인데, 유혹에 넘어갈 주량이 안 되는 것이 다행이다. 포도주를 너무 많이 마시고

씩 웃으면 치아가 붉게 착색되어 드라큘라가 따로 없다. 그러면 그때까지 우아한 척한 것도 아무 소용이 없어진다. 건강을 위한 약간의 수혈이면 적당하다. 한 모금의 신성을 입 안에 품자 보석 한 조각이 그대로 혈관으로 녹아든다.

도전적 작가정신의 목표와 유의점

—최이안의 당찬 시험의 현장

윤 재 천

(전 중앙대 교수, 한국수필학회 회장)

서양말 '예술(藝術)' 이라는 뜻의 'Art' 는 기예(技藝)나 학술(學術)을 이르는 명사(名詞)이기도 하지만, 사실은 특수한 재료나 기교, 양식 따위를 통해 미(美)를 창작하거나 표현하는 행위를 이르기도 하는 만큼, 동사(動詞)로 사용되기도 한다.

이 사실은 창작된 예술작품 자체가 멈춰져 고정되어 있는 것이 아니고, 끊임없이 변모를 계속함으로써 자기 세계를 완성해 가는, 또 그렇게 할 수밖에 없는 것이 '예술' 임을 암시 또는 깨닫게 하는 예로 볼 수 있다.

존재하는 것은 실존을 위해서 한순간도 정지되지 못하고, 끊임없이 움직임을 계속한다. 그 대표적인 예가 처마 끝에 맺혀 있는 물방울—낙수(落水) 직전의 물의 상태로 완전한 균형을 유지하지 않으면 잠시도 그 상태를 유지할 수 없으니 그 상황은 '정중동(靜中動)', 최고조의 긴장상태에 견줄 수 있다.

예술은 물방울의 실존을 위한 치열한 열망이나 노력과 같은 것이고, 또 그래야만 한다. 그렇지 않으면 고여 있는 물이 이내 부패되어 쓸모없는 존재로 전락하듯, '예술작품' 으로서의 신선함을 상실할 수도 있기 때문이다.

문제는 이런 작가적 시도가 기대하는 바에 이를 수 있느냐 하는 것이 문제가 된다. 이것은 예술의 범주 안에 속하는 조각 · 회화 · 건축 같은 조형예술(造形藝術), 무용, 연극과 같이 무대 위에서 동작을 펼쳐 보이는 표정예술(表情藝術), 그리고 음악과 같이 음성(吟聲)이나 기구(機具)를 통해 소리를 꾸며내는 음향예술(音響藝術)뿐만 아니라, 시 · 소설 · 희곡 · 수필 · 평론과 같은 언어예술, 어느 것 하나 예외 없이 모두 다르지 않다.

그렇기 때문에 창작(創作)과 표현의 주체는 끊임없이 새롭기 위해 정진을 계속할 수밖에 없고, 수용자(需用者)인 예술의 객체(客體)도 이를 요구할 수밖에 없다. 이 '새로움' 이 호응을 얻어 해당 분야의 발전적 토대가 되기도 하지만, 많은 경우에 상대를 설득시키지 못하고 '낯섦' 이라는 한계에 부딪혀 기존의 향유객

(享有客)을 떠나보내는 결과를 낳기도 한다.

'낯설다' 고 하는 것은 소통(疏通)의 통로가 막히거나 좁혀져 있다는 의미와 같아, 그 상태에서 인내하며 소통의 문이 열리기만을 기다려 주기를 기대하는 것은 욕심일 수도 있다.

대부분의 경우, 작가 자신도 자기를 설득시키지 못하면서 일종의 고집으로 손을 떼지 못하고 버티는 경우가 많기 때문이다.

완전히 해독(解讀)이 불가능한 작품은 실존(實存)의 기회를 획득할 수 없는 것이 상례(常例)라고 할 수 있다. 이런 면에서 1930년대의 작가 이상(李箱)의 문학적 반란도 여러 면에서 시사하는 바가 크다.

'난해(難解)' 한 작품은 내적 조직력이 일반의 눈이나 능력으로는 풀어헤칠 수 없을 정도로 강하게 압축되어 있어 쉽게 속내를 드러내지 않는 것이 특징이다. 이런 입체적인 작품은 난해하다는 평판을 들을 수도 있지만, 정작 필요한 것이 빠진 듯해 아쉬운 부분으로 남을 수도 있다.

젊은 나이에 생을 마친 이상(李箱)은 마치 '양파' 처럼 벗겨냄을 계속해도 여전히 하얀 속살을 드러내지 않는 작가였기 때문에 그의 작품은 지금도 끊임없이 연구의 대상이 되고 있다.

이상은 1930년대를 전후하여 당대에 일부 전위적인 작가들에 의해 세계적으로 풍미했던 '자의식(自意識)'에 관심을 두고, 이에 근간한 작품을 남김으로써 지금까지도 호기심 정도에 그치지 않고 그의 문학을 연구하는 사람들이 적지 않다.

이상이 지향했던 초현실주의(超現實主義)는 당대뿐만 아니라 지금까지도 여전히 의혹의 대상이 될 수밖에 없는데, 이는 인간은 밖으로 드러난 것만 아니라 행동 속에 감춰져 있는 또 다른 정신세계―새로운 여지(餘地)를 개발한 작가였기 때문이다.

감각의 착란(錯亂)과 객관적 우연의 모색, 비상식적인 것을 현재화하려 했던 그의 시도는 다만 난해한 것이 아니라, 그 차원으로 해석할 수 있는 이해의 숙련공(熟練工)이 없었기 때문에 수십년이 지난 지금까지도 주목을 받고 있다.

'무의식(無意識)'이라고 하는, 인간이 가지고 있는 또 하나의 세계를 발견케 하는 계기가 우리나라에서는 그로 인해 본격화되었기 때문이다. 이상은 한국시의 주지적(主知的) 변화를 대변함과 동시에 새로운 경지를 개척하는 역할을 함으로써 주목받고, 아직도 그 열기는 식지 않고 있다.

어느 면에서 보면 작가 최이안은 아래의 작품을 통해 이상이 시도했던 것을 시험하는 각도에서 다가가고 있다.

우리는 길가에 한들거리는 가을꽃이라고, 작은 가을꽃이라고. 천 개의 수용체를 넘어 확인하고, 2만 개의 융 조각을 거쳐 속삭임을 듣고, 5억 개의 거품이 부글대는 함정 속으로 마시고, 백억 개의 그물망이 뜻을 만들고, 일 년 동안 3천만 번의 박수를 치고, 8만 킬로미터의 순항 후에 외출하고, 3백 개의 응축의 힘으로 나에게 갈 수 있다고. 끝에 가면 눈부신 씨앗이 있다고.

삶은 둥근 것이라고, 안에 허공을 담고 있는 것이라고, 그래도 굴리는 것이라고, 돌고 도는 것이라고, 던지고 받는 것이라고, 튕기고 튀어 오르는 것이라고, 품고 뒹구는 것이라고.

삶은 공놀이라고.

—「크소코노쉬틀레틀의 공놀이」 중에서

이 작품은 생경한 것 같으나 북부 원주민 크소코노쉬틀레틀의 주요 사상을 통해 무한한 사랑, 포용력 있는 사랑을 물질문명의 노예인 백인들—세상 사람들에게 호소하고 있다.

“너는 나! 나는 너!”라는 연속적인 나열, 연속적인 숫자의 제시들을 통해 결국 인간은 인종을 떠나 가을꽃으로 피어나는 아름다운 자연에 궁극적인 초점을 맞추고 있다. 그러나 언뜻 보면 제대로 전개되지 못하는 문장의 절뚝거림, 그 생소함 때문에 낯설음이 느껴지는 글이기도 하다.

흔히 통용되지 않는 낯선 용어를 작품에 끌어들여 나열해 놓은 것도 이런 인상을 더하게 한다. 글의 소통을 작가가 나서서 차단하고 있는 상황과 다르지 않기 때문이다. 문제는 작가가 이상과 같은 작법으로 무의식의 놀음을 하며 이런 시도를 하고 있느냐 하는 것에 주목할 필요가 있다.

이것이 제대로 전달 또는 인지(認知)되어 상대를 설득시키지 못하거나 소통되지 않았을 때, 이것은 시험적 도전에 지나지 않을 수도 있고, 지적(知的) 오만으로 보일 수도 있다.

이상(李箱)이 연출해 작품으로 보여주던 때와는 시간적 이격거리가 있지만, 상황 자체가 다르기 때문이다. 이런 점에서 작가는 먼저 이에 대한 나름의 이해의 영지(領地)를 확보할 필요가 있다.

'나무' 가 나무를 만드나. 나무가 '나무' 를 만드나. '나무' 와 나무는 동시에 생겼나. '나무' 없으면 나무는 아무것도 아닌가. 나무의 주인은 누구인가. '나무' 의 소유자는 누구인가.

상상으로 나무와 '나무' 를 만들 수 있는 자가 있어도 '나무' 밖에 만들지 못하는 자는 모른다. '나무' 가 나무를 낳는 것을.

나무가 몸서리를 친다. 시간들이 뚝뚝 떨어진다.

호기심 많던 기회의 시간, 마음껏 누리던 발산의 시간, 변화를 자랑하던 축제의 시간, 욕심을 놓아주는 이별의 시간. 이 모든 과정을 떨쳐야 한다. 시간이 머문 공간의 토막들이 흩어져야 한다.

—「나무를 낳는 왕」 중에서

동화적(童話的)인 제목으로 기술된 작품에서도 작가의 언어적 멈칫거림은 계속되고 있다.

이것으로 보아 작가의 작풍(作風)은 일시적 시도가 아님을 확인할 수 있다. 일반의 사회적 표현법을 지양(止揚)하고 굳이 이런 방법의 기술(記述)을 지향하는 이유를 발견하는 것이 관건(關鍵)이다.

그렇지 않으면 어떤 감동도 발견할 수 없을 뿐만 아니라, 그런 것을 배양(培養)할 수도 없기 때문이다. 지름길을 피해 에둘러 가는 행인과 다르지 않은 인상을 줄 수도 있다.

그러나 작가 최이안에게 그만의 철학과 나름의 이유가 있는 만큼, 그의 작품은 수필계에 비전을 제시하고 있음에는 분명하다.

물도 듣고 느끼며 안다.

사랑의 감정과 생각을 알아채고 아름답거나 일그러진 결정체를 빚는다.

기도가 담긴 정화수의 치유 능력도, 물가에 있으면 안정되는 것도 이유가 있다.

물은 말을 다 받아준다.

그걸 왜 몰랐을까.

몸속의 피처럼, 몸 밖의 물도 마음에 상응하는 것을 생각했어야 했다.

창에 맺혀 있는 저 물방울의 결정은 어떤 모습일까.

…

물은 모양을 바꿀 뿐 사라지지 않는다.

—「빗줄기」 중에서

앞의 작품이나 뒤의 작품과는 달리 어느 정도 소통의 문이 열려 있어 출입이 가능한 예로 보인다.

노자(老子)의 물의 미학(美學)—'상선지수(上善之水)'를 연상케 하는 작품으로 보인다.

물의 현상(現象)과 그에 드러난 철학이 주는 의미에 주목하고 있어 인용된 부분의 마지막 행(行)인 "물은 모양을 바꿀 뿐 사라지지 않는다"는 말에서 '물의 미학'을 완성했다고 볼 수 있다.

작가는 새로운 것을 만들어내는 사람이라기보다는 이미 존재하는 것들이 함유하고 있는—의미를 생(生)의 현상과 연결해 제시함으로써 공감을 통한 감동을 세상에 전하는 전달자라고 볼 수 있다. 그렇기 때문에 표현의 참신성은 모든 예술의 기본적 소양으로 삼을 수밖에 없다.

그렇지 않으면 내재된 의미가 표류해 사장(死藏)될 우려가 있기 때문이다.

알라존 : 죽음의 의미라니, 네가 죽었다 살아난 것도 아닌데 죽음에 대해 무얼 알 수 있다는 거야. 이 세상에 죽음 이후에 대해 완전하게 아는 사람은 아무도 없어. 삶과 죽음은 다른 세계야. 아니 죽음 이후의 세계란 없는 거나 마찬가지야. 있다 해도 삶과 다른 차원일 테니 말이야. 왜 우리가 다른 차원의 문제까지 생각하며 살아야 돼? 우리는 지금, 여기의 삶에만 집중하면 된다구.

에이런 : 모른다고, 알 수 없다고 해서 의식하지 않을 수는 없는 거야. 죽음이 다른 차원의 일이라고 해도 그것을 생각해 봄으로써 현재의 삶에 대한 답을 얻을 수도 있기 때문이지. 세상의 모든 현인들을 봐. 죽음의 문제에 대해 고민하지 않았던 사람이 있냐구. 나도 죽음의 의미와 그 이후의 일에 대해 확고한 믿음을 갖고 싶어. 혹시 이러한 바람이 단지 삶의 허무를 극복하기 위한 방편이었다는 결론으로 끝난다고 할지라도 말이야.

—「누가 각트인가」 중에서

대화체(對話體)를 취하고 있는 글로 난해성은 다시 고개를 들고 있다. 우선의 숙제는 '각트' 의 정체다. 작가는 끊임없이 이 말을 쓰고 있지만, 이것은 지극히 주관적인 비상용어(非常用語)일 수도 있고, 외국 또는 외래어나 시쳇말일 수도 있으니, 작가의 의도를 파악하는 데는 장애요소가 될 수밖에 없다.

그러나 각트의 의미는 DNA의 집합체, 인간은 그 집합체의 노예이기 때문에 때론 존엄성이 망각된 채 패러독스로 무장하며 살아가는 세상이다. 삶보다 가치가 있는 죽음, 죽음보다 더 가치가 있는 삶, 궁극적으로 죽음도 체험치 못한 사람이 죽음에 대해 논하는 행위도, 결국 인간은 작가가 제시하는 '각트' 이기 때문이다.

패러독스의 난해성(難解性)은 작가의 작업을 독자가 이해하지 못해 만들어지는 강극(間隙)을 말하기도 하지만, 구조(構造)의 내적 조직력이 허술해 원초적 해석이 불가능해 오는 미흡함의 다른 표현이 될 수도 있다. 그런 면에서 작가는 작가대로 독자의 입장에선 그 나름의 긴장된 대치는 끝없이 이어질 수밖에 없다.

그런 점에서 최이안의 작품은 대중화(大衆化)의 결격요소를 향유하고 있어, 과제로 남길 수밖에 없다.

카뮈는 시지프스가 비탈길을 걸어 내려오는 동안을 휴식이자 의식의 시간으로 규정한다. 바람의 신과 그리스인의 시조인 헬렌 사이에서 태어났고, 오디세우스의 아버지이며, 코린토스의 왕이었던 시지프스는 자신의 생애를 되돌아볼 것이다. 이승에서의 행동의 결과인 이 지루하고 고된 작업이 원망스러워 후회할지도 모른다. 인간 중에서 가장 신중했다는 시지프스는 이러한 상황에 어떻게 대처하는 것일까.

일찍 나가야 하거나 피곤할 때는 아침의 일과를 미뤄놓기도 한다. 그렇지만, 오후가 되어도 일거리들은 그때까지 내 손길을 기다리고 있다.

—「일상의 바위」 중에서

「빗줄기」와 같이 안정된 모습을 취하고 있는 작품이다.

작가가 이 작품에서 비유해 말하고자 하는 '시지프스'는 바람의 신 아이올로스와 에나레테의 아들로 태어나 메로페의 남편으로 저승에서 벌로 큰 돌을 가파른 언덕 위로 굴려야 했던 사내의 이야기다. 누구나 아는 일화인 만큼 글을 읽는 데 어떤 부담도 되지 않는다. 보편적 상식을 근간으로 하고 있기 때문이다.

작가는 작품의 창조자이며 안내자다.

독자도 작가 못지않은 창조자다. 언어의 해석을 통해 또 다른 의미에서의 성(城)을 쌓고 지키는 사람들이다. 동행하기 위해서는 서로가 부담이 되지 않아야 하고, 이를 현실화하기 위해 필요한 것은 소통의 장애를 해결하는 일이다.

작가는 제3자가 헤아리지 못하는 속 깊은 의도를 가지고 있고, 그렇기 때문에 이런 작품을 쓰는 것이 아닐까. 긍정적인 눈으로 바라보고 있다. 그런 의미에서 작가적 자존심에 따른 식민성(植民性)의 근절은 고려해 볼 필요가 있다. 일상의 보통 언어를 재료로 삼아 작품을 축조해야 더 많은 감동을 낳을 수 있기 때문이다.

그러나 작가의 깊은 뜻으로 타마(琢磨)하고 있는 만큼 큰 성과를 거두리라고 확신한다.